Javier Colomer

Heinrich Thein

El Mundo del Trombón Contrabajo

The World of the Contrabasstrombone

Die Welt der Contrabassposaune

Javier Colomer

Heinrich Thein

El Mundo del Trombón Contrabajo

The World of the Contrabasstrombone

Die Welt der Contrabassposaune

Todos los fotografías pertenecen a THEIN o a Javier Colomer, de lo contrario se menciona a pie de imagen.
All photos belong to THEIN or Javier Colomer, otherwise it is mentioned.
Alle Fotos stammen von THEIN oder Javier Colomer, wenn nicht anders gekennzeichnet.

Primera edición, Cocentaina (España) 2012. Publicado y editado por Javier Colomer
First edition, Cocentaina(Spain) 2012. Edited and published by Javier Colomer
1. Ausgabe, Cocentaina (Spanien) 2012. Verlegt und veröffentlicht von Javier Colomer

Impreso en Cocentaina, España
Printed in Cocentaina, Spain
Gedruckt in Cocentaina, Spanien

ISBN: 978-84-616-2483-6

Diseño de portada / Cover design / Umschlaggestaltung: Pau Olcina i Andrés

Pedidos :
Order:
Bezugsquelle:

www.javicolomer.com
info@javicolomer.com
www.thein-brass.de
contact@thein-brass.de

Javier Colomer

Heinrich Thein

El Mundo del Trombón Contrabajo

The World of the Contrabasstrombone

Die Welt der Contrabassposaune

Indice /Table of contents/ Inhalt

1. Prefacio /Preface/ Vorwort: Pág. Page. Seite 1

¿Porqué este libro?
Why this book?
Worum dieses Buch?

2. Historia /History/ Geschichte Pág. Page. Seite 2

2.1. El desarrollo y uso del Trombón Contrabajo en una reflexión a la evolución musical hasta hoy día.
2.1. Development and use of the Contrabass Trombone (Bass Trombone) in reflection of the musical development up to the present days.
2.1. Die Entwicklung und Verwendung der Contrabassposaune (Bassposaune) im Spiegel der musikalischen Entwicklung bis heute

2.2. La ampliación de la sección de trombones Pág. 10
2.2. The extension of the trombone section Page 11
2.2. Die Erweiterung des Posaunensatzes Seite 11

2.3. Pasajes Orquestales/ Orchestral excerpts/ Orchesterstellen Pág. Page. Seite 15ff

2.4. El progresivo acortamiento de los instrumentos de metal Pág. 19
2.4. Shortening the tubes of brass instruments for changing to higher keys Page 19
2.4. Verkürzung der Rohrlänge bei Blechblasintrumenten zur Änderung der Grundstimmung Seite 19

2.5. También con las trompetas ocurrió el mismo proceso de acortamiento Pág. 22
2.5. The trumpets experienced the same Shortening process Page 22
2.5. Die Trompeteninstrumente wurden ebenfall gekürzt Seite 22

3. Modelos actuales de Thein Pág. 24
3. THEIN current models Page 24
3. THEIN Modelle Seite 24

4. Trombón Contrabajo, configuración alemana tradicional, tabla de posiciones. Pág. 27
4. Contrabass Trombone, Traditional German valves configuration, Positions tuning chart. Page 27
4. Contrabassposaune, Zugtabelle fúr Traditionelle Deutsche Ventilkombination Seite 27

4.1. Trombón Contrabajo en Fa, sin accionar ninguna válvula Pág. 27
4.1. Contrabass Trombone F positions, without valves Page 27
4.1. Contrabassposaune in F, ohne Ventile Seite 27

4.2. 1ª Válvula, Tonalidad Re Pág. 32
4.2. First valve in D Page 32
4.2. 1. Ventil-Bedienung, D-Ventil Seite 32

4.3. 2ª Válvula, Sib (grave) Pág. 39
4.3. Second valve in BBb Page 39
4.3. 2. Ventil in B Seite 39

4.4. 1ª y 2ª válvulas Lab (grave) Pág. 45
4.4. First and Second valves Aab Page 45
4.4. 1. und 2. Ventil = Kontra As Seite 45

4.5. Escalas Pág. 48
4.5. Scales Page 48
4.5.Tonleitern Seite 48

4.6. Registro agudo del Trombón Contrabajo Pág. 51
4.6. Contrabass Trombone high register Page 51
4.6. Contrabassposaune, hohe Lage Seite 51

4.7. Ejercicios de coordinación, agilidad y articulación Pág. 55
4.7. Exercices for coordination, agility and articulation Page 55
4.7. Übungen für Koordination, Beweglichkeit und Artikulation Seite 55

4.8. Arpegios Pág. 58
4.8. Arpeges Page 58
4.8. Arpeggien Seite 58

4.9. Melodias para el trombón contrabajo Pág. 61
4.9. Contrabass Trombone melodys Page 61
4.9. Melodien für die Contrabassposaune Seite 61

4.10. Tabla cromática Pág. 67
4.10. Chromatic scale Page 67
4.10. Chromatische Tonleiter Seite 67

5. Configuración Alemana tradicional / Configuración "Americana" Pág. 68
5. Traditional German valves configuration / "American" valve configuration tuning chart Page 68
5. Traditionelle Deutsche Ventillkombination / "Amerikanische Ventilkombination Seite 68

5.1. Trombón Contrabajo con las válvulas en configuración Alemana tradicional Pág. 68
5.1. Contrabass Trombone, traditional German valve configuration Page 68
5.1. Traditionelle Deutsche Ventillkombination Seite 68

5.2. "Configuración Americana" Pág. 69
5.2. "American valve configuration" Page 69
5.2. "Amerikanische Ventillkombination" Seite 69

5.3. Ejercicios Pág. 73
5.3. Exercices Page 73
5.3. Übungen Seite 73

6. ¿Por qué la mayoría de los Trombones Contrabajo modernos sólo tienen cinco posiciones? Pág. 76
6. Why have most of the modern Contrabass Trombones only five slide positions? Page 76
6. Warum haben die meisten modernen Contrabassposaunen nur fünf Zug-Positionen? Seite 76

7. Mi sistema de respiración para tocar el Trombón Contrabajo Pàg. 79
7. My Breathing System to play Contrabass Trombone Page 79
7. Meine Atemübungen für das Contrabassposaunenspiel Seite 79

8. Compositores y obras Pàg. 85
8. Composers and compositions Page 85
8. Komponisten und Kompositionen Seite 85

8.1. Intervenciones orquestales y óperas Pág. 85
8.2. Compositores Page 85

8.1. Orchestral works and operas Page 86
8.2. Composers Page 86

8.1. Orchesterwerke und Opern Seite 87
8.2. Komponisten Seite 87

8.3. Cine y TV Pág. 88
8.3. Cinema and TV Page 88
8.3. Kinofilme und Fersehen Seite 89

9. Trombones de Javier Colomer Pág. 91
9. Javier Colomer trombones Page 91
9. Javier Colomer's Posaunen Seite 91

9.1. Modelo de Trombón contrabajo Javier Colomer Pág. 91
9.1. Javier Colomer personal Contrabass trombone model Page 91
9.1. Javier Colomer's Contrabassposaunen Konfiguration Seite 91

9.2. Modelo de Trombón Bajo Javier Colomer Pág. 92
9.2. Javier Colomer personal Bass trombone model Page 92
9.2. Javier Colomer's Bassposaunen Konfiguration Seite 92

10. Boquillas Pág. 93
10. Mouthpieces Page 93
10. Mundstücke Seite 93

11. Accesorios Pág. 95

11. Accesories Page 95
11. Zubehör Seite 95

11.1. Sordinas Pág. 95
11.1. Mutes Page 95
11.1. Dämpfer Seite 95

11.2. Soporte o Paral Pág. 95
11.2. Stand Page 95
11.2. Ständer Seite 95

11.3. Stick Pág. 96
11.3. Stick Page 96
11.3. Stick Seite 96

11.4. Soporte de la mano Pág. 96
11.4. Hand rest Page 96
11.4. Handrückenstütze Seite 96

11.5. Campana derroscable Pág. 97
11.5. Screw Bell Page 97
11.5. Schraubring Seite 97

11.6. Estuche plano Pág. 97
11.6. Flat Case Page 97
11.6. Flacher Koffer Seite 97

11.7. Fundas y Estuches Pág. 98
11.7. Gig Bags and Cases Page 98
11.7. Gig Bags und Koffer Seite 98

11.8. Alargador Pág. 98
11.8. Handle Page 98
11.8. Schwengel Seite 98

12. Mantenimiento del Trombón Pág. 99
12. Care of the Trombone Page 99
12. Instrumentenpflege Seite 99

13. Fabricantes Pág. 101
13. Makers Page 101
13. Instrumentenhersteller Seite 101

14. Modelos especiales y configuración Pág. 103
14. Special models and configurations Page 103
14. Spezialmodelle und Konfigurationen Seite 103

14.1. Cimbasso Pág. 103
14.1. Cimbasso Page 103
14.1. Cimbasso Seite 103

14.2. Tabla de la digitación del Cimbasso en Fa Pág. 104
14.2. Fingering chart for F- Cimbasso Page 104
14.2. Grifftabelle für F-Cimbasso Seite 104

14.3. Trombón Contrabajo-Cimbasso convertible THEIN Pág. 105

14.3. THEIN Convertible Contrabass trombone- Cimbasso Page 105
14.3. THEIN Contrabassposaune-Cimbasso Konvertibel Seite 105

14.4. Trombón Contrabajo de doble campana modelo-Buquet Pág. 106
14.4. Double Bell Contrabass trombone Buquet-model Page 106
14.4. Doppelchallbecher-Contrabassposaune Buquet Modell Seite 106

14.5. Trombón Contrabajo en Mib de doble vara y una válvula Pág. 106
14.5. Eb Contrabass Trombone with double slide and one rotary valve Page 106
14.5. Contrabassposaune in Es mit 1 Zylinderventil und Doppelzug Seite 106

14.6. Cimbasso vertical (recto) Pág. 107
14.6. Straight Cimbasso Page 107
14.6. Gerades Cimbasso Seite 107

15. "Brass Never-Ending" Pág. 108
15. "Brass Never-Ending" Page 108
15. "Brass Never-Ending" Seite 108

16. Grandes instrumentistas Pág. 111
16. Great players Page 111
16. Bekannte Musiker Seite 111

17. Bibliografía Pág. 112
17. Bibliografy Page 112
17. Bibliografie Seite 112

17.1. Literatura Pág. 112
17.1. Literature Page 112
17.1. Literatur Seite 112

17.2. Web sites Pág. 113
17.2. Web sites Page 113
17.2. Web sites Seite 113

17.3. Cds Pág. 113
17.3. Cds Page 113
17.3. Cds Seite 113

18. Biografías Pág. 114
18. Biographies Page 114
18. Biografien Seite 114

18.1. Javier Colomer Castillejos, Trombón Bajo / Trombón Contrabajo Pág. 114
18.1. Javier Colomer Castillejos, Bass and Contrabass trombonist Page 115
18.1. Javier Colomer Castillejos, Bass-und Contrabassposaunist Seite 116

18.2. Heinrich Thein, Fabricante de Instrumentos de Viento–metal y percusión Pág. 118
18.2. Heinrich Thein, Master maker in Brass- and Percussion instruments. Page 119
18.2. Heinrich Thein, Blechblas-und Schlaginstrumentenbaumeister Seite 120

19. Agradecimientos Pàg. 122
19. Acknowledgments Page 122
19. Danke Seite 122

1.

Prefacio

¿Por qué este libro?

Un libro completo sobre el Trombón Contrabajo todavía no existe. Mi vida como Trombón Bajo se ha enriquecido cada vez más con el aprendizaje y la interpretación con el Trombón Contrabajo.
Nuestro gran deseo es que el Trombón Contrabajo sea más conocido en el mundo de los instrumentos de metal.
Este libro está escrito para profesionales, amateurs y todos los amantes de los instrumentos de viento-metal.
El Trombón Contrabajo cada vez tiene mejor aceptación y respeto entre el público con nuevas composiciones, excelentes intérpretes y una interconexión con los Trombonistas que tocan el Bajo.
El actual Trombón Bajo en Sib/Fa/Mi bemol (Re) proviene del antiguo Trombón Bajo en Fa, de ahí el fuerte nexo entre el Bajo y Contrabajo de hoy día.
Este es el propósito de ***"El Mundo del Trombón Contrabajo"***.

1.

Preface

Why this book?

A complete book about Contrabass Trombone does not yet exist. My life as a Bass Trombone player became more rich by learning and playing the Contrabass Trombone.
Our strong wish is to make Contrabass Trombone more known in the world of Brass.
This book is written for the use of professionals, amateurs and all brass lovers. The Contrabass Trombone becomes more and more highly respected by new compositions, excellent players and the worldwide interconnection between Bass Trombone players.
The modern Bass Trombone in B-flat/F/G-flat (D) has its roots in the old F- Bass Trombone, that is why Bass and F- Contrabass Trombone are strongly interconnected.
This is the aim of **"The world of the Contrabass Trombone"**.

1.

Vorwort

Warum dieses Buch?

Ein komplettes Buch über alle Aspekte der Contrabassposaune gibt es noch nicht.
Mein Leben als Bassposaunist wurde durch das Erlernen und Spielen der Contrabassposaune sehr bereichert.
Es ist unser Wunsch, dass die Contrabassposaune in der Welt der Blechbläser noch bekannter wird.
Dieses Buch ist für Berufsposaunisten, begeisterte Amateure und alle Liebhaber der Blechblasinstrumente geschrieben.
Die Contrabassposaune wird immer bekannter durch alte und neue Kompositionen, hervorragende Musiker und die weltweite Kommunikation der Posaunisten untereinander.
Die moderne Bassposaune in B/F/Ges (D) hat ihre Wurzeln in der alten F-Bassposaune, weshalb Bass- und F-Contrabassposaune so eng miteinander verbunden sind.
Das ist der Grund, warum wir uns entschlossen haben, dieses Buch **"Die Welt der Contrabassposaune"** zu schreiben.

2.
Historia
History
Geschichte

2.1.
El desarrollo y uso del Trombón Contrabajo en una reflexión a la evolución musical hasta hoy día

La ilustración del Trombón Bajo Barroco representa un instrumento fabricado por Johann Isaac Ehe, en 1612 en Núremberg, expuesto en el Museo Nacional de Alemania en Núremberg.
He aquí una reproducción del texto y fotografías tomadas del *"Syntagma Musicum"* Vol.II, De Organographia, obra de Michael Praetorius en 1619.
A diferencia de otros instrumentos de metal, el Trombón experimentó un desarrollo tardío. La invención de la vara tuvo lugar durante el siglo XV y con ello se completó la configuración básico del trombón. Estos son aspectos que se pueden apreciar en los instrumentos que se han conservado del renacimiento y barroco, respectivamente. Fue precisamente, el barroco, la época de oro para los instrumentos de viento.
El trombón fue construido en varios tonos. El alto se construyó en Re, el tenor en Sib, el bajo en Fa o Mib/Re, el contrabajo en Sib grave (equivalente al tono actual de la tuba).

2.1.
Development and use of the Contrabass Trombone (Bass Trombone) in reflection of the musical development up to the present days

The illustrated baroque Bass Trombone is an instrument by Johann Isaac Ehe, Nuremberg 1612, which is exhibited in the German National Museum in Nuremberg.
Reproductions of the text and pictures are taken from "Syntagma musicum" Vol. II, De Organographia, 1619, by Michael Praetorius.
As opposed to other brass instruments, the trombone experienced the least development. The invention of the slide was made in the 15th century and with this the basic design of the trombone was completed. The earliest instruments which have been preserved come from renaissance and baroque eras.
That time was, after all, the golden age of wind music.
The trombone at that time was constructed in all pitches. The alto was pitched in D, the tenor was pitched in Bb, the Bass Trombone was pitched in F (Quartposaune) or Eb/D; the Contrabass Trombone (Oktavposaune) was pitched in BBb (equivalent to the current tuba pitch).

2.1.
Die Entwicklung und Verwendung der Contrabassposaune (Bassposaune) im Spiegel der musikalischen Entwicklung bis heute

Die dargestellte Barock-Bassposaune ist ein Instrument von Johann Isaac Ehe, Nürnberg 1612, und befindet sich im Germanischen Nationalmuseum in Nürnberg.
Text- und Bildreproduktionen sind dem „Syntagma musicum", Band II, De Organographia, 1619, von Michael Prätorius entnommen.
Im Gegensatz zu anderen Blechblasinstrumenten hat die Posaune die geringste Entwicklung durchgemacht. Schon ins 15. Jahrhundert fällt die Erfindung des Zuges und damit ist der Grundtyp der Posaune fertig. Die frühesten erhaltenen Instrumente stammen aus der Renaissance- und Barockzeit. Diese Zeit war überhaupt die goldene Blütezeit der Bläsermusik.

Die Posaune wurde damals in allen Stimmlagen gebaut. Die Altposaune war in D, die Tenorposaune in B, die eigentliche Bassposaune war in F gestimmt (Quartposaune, auch in Es und D). Man benutzte sogar eine Oktavposaune in Kontra-B (heutige Tubastimmung).

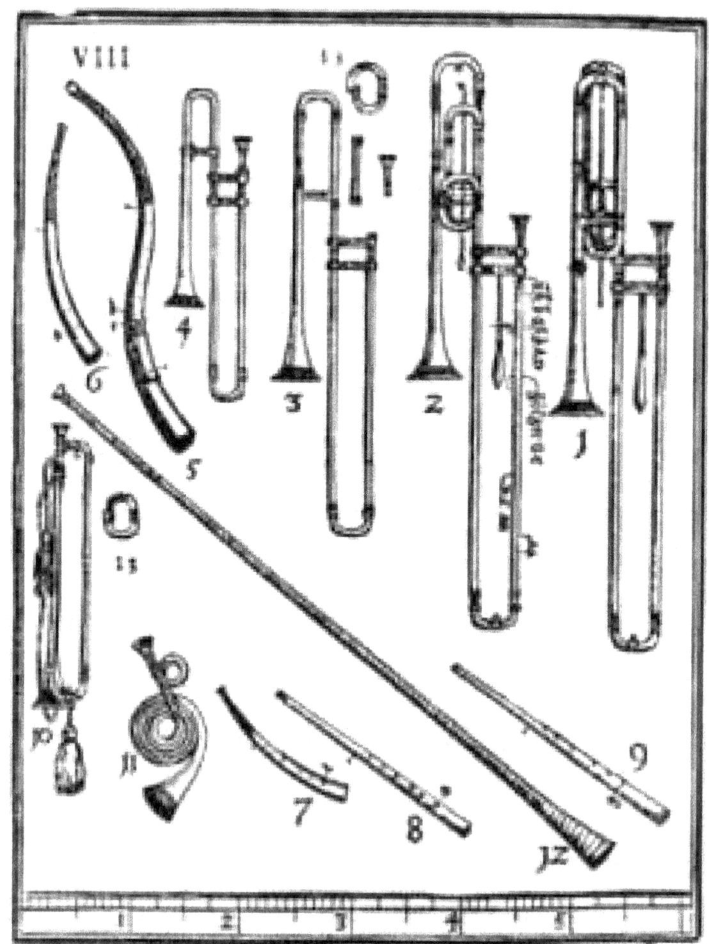

1. 2. Quart-Posaunen. 3. Rechte gemeine Posaun. 4. Alt-Posaun. 5. Cornon. Gross Tenor Cornet. 6. Recht Chor Zinck. 7. Klein Discant Zinck so ein Quint höher. 8. Gerader Zinck mit eim Mundstück. 9. Still Zinck. 10. Trommet. 11. Jäger Trommet. 12. Hölzern Trommet. 13. Krumbbügel auff ein gantz Thon.

3. Quart-Posaun: Tuba major, Trombon grande, Trombone majore, deren etliche ein Quart, etliche aber eine Quint tieffer seynd/ als die gemeine oder rechte Posaun/ vnd gleich eine Octav vnter der Alt-Posaun. Vnd kan einer/ welcher der vorigen rechten Posaun mechtig vnd leuffig/ auff dieser auch leicht fortkommen; Nur daß er sich alle das jenige/ so er blasen sol/ gleich ob es eine Quinta höher/ vnd wo das Signum ꞉ vorgezeichnet/ als wañ es das ꞉ were/ imaginire vnd einbilde: Daher es dann billicher eine Quint-Posaun geneñet werden möchte. Doch ist hierbey zu mercken/ weil die Quart-Posaunen vnterschieden seyn/ eine grösser als die ander/ daß dahero auch die Züge alßdann vngleich fallen.

Traducción:

"Trombón a la cuarta (bajo): tuba major, trombón grande, trombone majore, algunos estaban afinados una cuarta o quinta descendente del trombón tenor y, al mismo tiempo, una octava baja del trombón alto. Y si alguien puede tocar afortunadamente un trombón con un sonido bonito y lleno, entonces adquirirá un progreso con él. Únicamente todo debe tocarse como una quinta ascendente respecto a lo que está indicado por la clave. Por eso, es más fácil usar un Trombón que esté afinado una quinta por debajo (se refiere al trombón en Mib) No obstante, el trombonista/el músico debe conocer la diferencia entre el trombón a la cuarta (en Fa,) uno es más largo que el otro, y las posiciones que no son las mismas."

Translation :

"Quart-trombone (bass): tuba major, trombone grande, trombone majore, some of which are a fourth and some a fifth lower than the ordinary (tenor) trombone and at the same time an octave below the alto trombone. And if someone can play the aforementioned ordinary trombone with ease and full sound, then he will make quick progress on this one. Only that everything he has to play has to be thought a fifth higher than is indicated by the clef. It is therefore easier to use a Quint trombone (i.e. this is trombone in E^b). However, one should note the difference between this one and the quart trombone (in F) – one is larger than the other, and therefore the slide positions are not the same."

1. Clavicymbel, so eine Quart tieffer alß Chor-Thon. 2. Octav-Posaun. 3. Groß Doppel Quint-Pommer. 4. Violone, Groß Viol-de Gamba Baß.

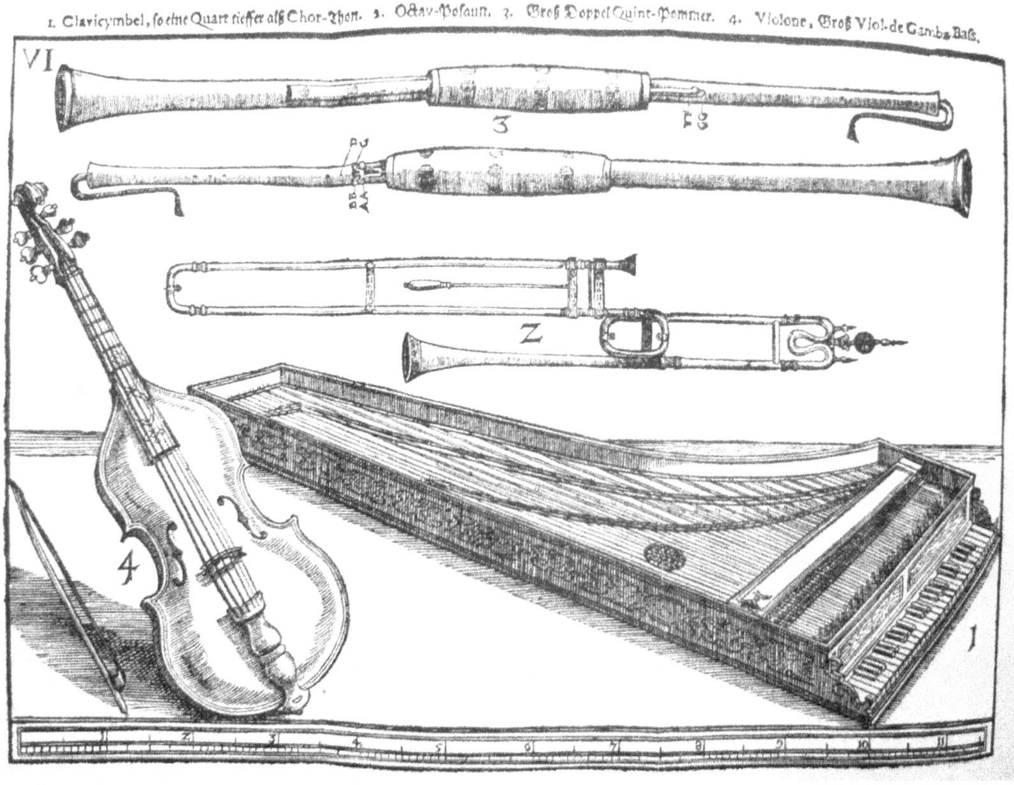

4. Octav-Posaun: Tuba maxima, Trombone doppio, oder la Trombone all Ottava basso, ist vor der zeit gar selten gefunden worden. Es seynd aber deren/ so ich gesehen/ zweyerley Art; Die eine ist gleich noch eins so lang/ als die gemeine rechte Posaun/ ohne Bügel; Daher sie dann auch wegen der Züge vnd sonsten mit derselben gantz vbereinkommet/ Allein daß sie jhren Thon ein Octav tieffer bringen/ vnd natürlich das E; im falset aber auch/ doch mit gutem Ansatz das D vnnd C erreichen kan. Vnd ist dieselbe Art von einem Kunst-Pfeiffer/ Hanß Schreiber genand/ vor vier Jahren gefertiget worden. Deren Abriß in Sciagraph. Col. VI. VII.

Die ander ist noch nicht eins so lang/ hat aber etwas dickere Röhren/ vnd darneben Krum-Bügel/ dadurch die tieffe zuwege gebracht wird: Vnd diese seynd in etlichen Capellen/ vor Jahren albereit im gebrauch gewesen.

Traducción:

"Octavposaune (trombón octava baja): tuba maxima, trombone doppio o la trombone all octava basso es de lo más inusual hasta el momento. Sin embargo, se han visto de dos clases. Uno es el doble de largo que el ordinario (tenor). Todo suena una octava baja, con una buena embocadura se puede llegar a tocar el *Re* y el *Do* pedales, incluso el Mi. Un *Kunstfpeifer*, llamado Hans Schreiber, fabricó este instrumento hace cuatro años. El otro tipo no es tan largo, pero si se añaden algunos tubos y elementos, se pueden interpretar las notas pedales y puede ser usado durante muchos años y pasar de unas manos a otras."

Translation:

"Octavposaune (octave = contrabass in B^b): tuba maxima, trombone doppio, or the trombone all ottava basso has rarely been seen to date. But those I have seen are of two kinds: one is twice as long as the ordinary (tenor) trombone/without crooks. Therefore, everything can be sounded an octave lower – with good embouchure the D and C (contra) as well as the E. Such an instrument was made four years ago by a "Kunstfpeifer" called Hans Schreiber. The other one is not as long, but it has somewhat wider tubes and crooks so that the low notes can be played: and these have been in use for several years in many hands."

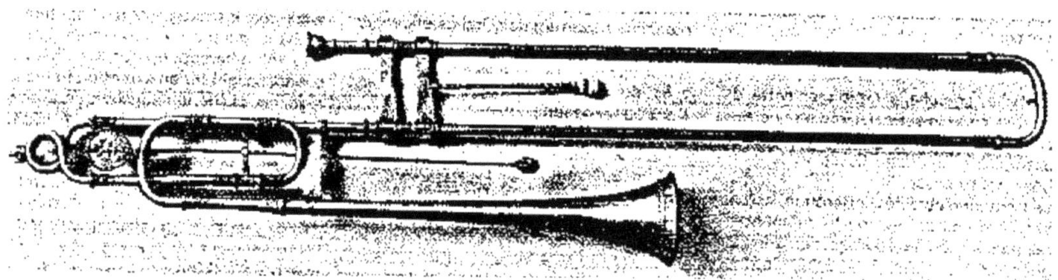

Foto:

Johann Isaac Ehe, Núremberg 1612, Museo Nacional de Alemania en Núremberg.
Johann Isaac Ehe, Nuremberg 1612, German National Museum in Nuremberg.
Johann Isaac Ehe, Nürnberg 1612, Germanisches National Museum in Nürnberg.

Este instrumento fue fabricado por Ehe con una hermosa ornamentación de marfil en la alargadera de la mano y ricamente decorado con guirnaldas muy peculiares en la bomba de afinación. Tiene posibilidad de movimiento para poder afinar entre un tono y tono y medio, particularidad que hace ver la dirección que ha seguido el moderno trombón bajo desde este modelo de Trombón Contrabajo en Fa.
Los instrumentos de este tipo tenían una vara más larga de lo habitual, por eso se tenían que mover con una elemento adicional llamado alargador alargador y se accionaban con la mano. El diámetro de la vara era de entre 12 y 14 mm y la campana correspondía igualmente a entre 120 y 140 cm.

This instrument from Ehe has a handle with a beautifully ornamented ivory knob, richly decorated ferrules and its peculiarity is a tuning slide with sliding rod, which is so long that the instrument can be tuned 1–1½ tones lower; in a way it is therefore the forerunner of the whole tone valve in the modern F- contabass trombone.
That kind of instruments had a long slide, which was pulled by means of a handle. The bore size was between 12 and 14 mm, the bell was correspondingly narrow, the terminal diameter was between 12 and 14 cm .

Dieses Instrument von Ehe hat einen Schwengel mit schön verziertem Elfenbeinknauf, reich verzierte Zwingen und als Besonderheit einen Stimmzug mit Schieberbetätigung, der so lang ist, dass das Instrument 1 bis 1 ½ Töne tiefer gestimmt werden kann; in gewisser Weise also ein Vorläufer des Ganztonventils bei der heutigen F-Contrabassposaune.
Die Instrumente hatten einen langen Zug, der mit einem Schwengel gezogen wurde. Die Mensur lag zwischen 12 und 14 mm, die Stürze war entsprechend eng, ihr Durchmesser lag zwischen 12 und 14 cm.

He aquí alguna información sobre el único Trombón Contrabajo original que existe llamado Octav Trombón:

Here some information about the only existing original Octav Contra Bass Trombone is enclosed:

Hier noch eine Beschreibung der einzig erhaltenen originalen Oktav-Contrabassposaune:

Aquí está Nicholas Eastop, sosteniendo el trombón Contrabajo Oller en Sib Grave. Este instrumento se construyó en Estocolmo en 1639 por Georg Nicolaus Oller. Está permanentemente expuesto en el Museo de la Música de Estocolmo. Para tomar referencias Nicholas Eastop mide 1,78 cm.
El instrumento fue fotografiado para una serie de tarjetas para ser publicado posteriormente. (Nota: se utilizaron guantes para que el instrumento tuviera la máxima protección en caso de que entrara en contacto con el sudor de las manos).

Here it is Nicholas Eastop, holding the Oller BBb Contra Bass Trombone. This instrument, built in Stockholm in 1639 by Georg Nicolaus Oller, is on permanent display in Musikmuseet, Stockholm. For your reference: Nicholas Eastop Stands 5'10.5" or 1.78m tall.
This photography was taken for series of postcards, to be published, and he was asked to hold it for a while (note: the cotton gloves used to protect the instrument from hand sweat) when the photographer rearranged the studio lighting.

Nicholas Eastop hält die Tief-B-Contrabassposaune (Oktavposaune), gebaut von Georg Nicolaus Oller, Stockholm, 1639. Sie ist zu sehen in der Dauerausstellung des Musikmuseet in Stockholm.
Zum Vergleich: Nicholas Eastop hat eine Körpergröße von 178 cm. Das Instrument wurde für eine Postkartenserie fotografiert und veröffentlicht. Er wurde gebeten, es für die Aufnahme eine Weile so zu halten, während der Fotograf im Studio die Ausleuchtung arrangierte. (Man beachte die weißen Handschuhe, um das kostbare Instrument vor Handschweiß zu schützen).

Foto:

His Majesty's Sagbutts and Cornetts Ensemble, junto con Wim Becue que toca una reproducción del Trombón Contrabajo de George Nicolaus Oller,Estocolmo 1639.

His Majesty's Sagbutts and Cornetts Ensemble, together with Wim Becue playing a copy of the BBb Contrabass Trombone of Georg Nicolaus Oller, Stockholm, 1639.

His Majesty's Sackbut and Cornetts Ensemble. Mit Wim Becue, der eine Kopie der Oktav-Contrabassposaune nach Georg Nicolaus Oller, Stockholm, 1639, spielt.

Con el fin de la época barroca, el gran apogeo de los instrumentistas de viento metal se terminó, perdurando sólo perduró con los más apasionados instrumentistas y con los que gozaban de un buen estatus. El trombón sería usado en muy raras ocasiones, e incluso llegó a ser descartada su función como instrumento de ensemble. El trombón sólo pasaría servir sólo como soporte para el coro en óperas u oratorios salvo raras excepciones como por ejemplo: Wolfgang Amadeus Mozart, en su *Requiem*(tuba Mirum) y en piezas de cámara como con Beethoven, en *Three Equale* para 4 trombones.
El trombón a la octava (contrabajo) fue ya se utilizaba raras veces y fue completamente olvidado. El trombón bajo usado en Haydn, Mozart y Beethoven estaba en tono de Fa.
La segunda época de oro del trombón vendría en el siglo XIX con Johannes Brahms y, posteriormente, con Berlioz, Wagner, Verdi y Bruckner, en particular. El diámetro de los instrumentos de metal empezaría a agrandarse y marcaría las pautas seguidas hasta hoy día. Con el agrandamiento de la campana que ha llegado hasta la actualidad, incrementando la sonoridad. Lo que hace justicia a la idea del romanticismo y expresionismo que se extendería a todos los instrumentos de viento para que se entremezclaran entre ellos de la mejor manera.

Con la invención de las válvulas también apareció la equivalencia con los trombones. En lugar de utilizar los trombones alto, tenor y bajo en sus diferentes tamaños, la diferencia entre la sección de trombones, hoy día sólo se ve en la diferencia de diámetros de un trombón tenor. El trombón bajo en Fa pasaría a tenor-bajo con una válvula en Fa (Transpositor) y su tono Sib-Fa. En la primera mitad del S.XIX, la tuba se desarrolló como la parte grave de los metales junto a las trompetas y los trombones. No obstante, el sonido se considera realmente fuera de esa combinación (trompetas-trombones), porque la tuba es un instrumento más bien emparejado con la familia de las trompas, pero con un gran diámetro.

Pero Richard Wagner, cuyo principal interés era la diferenciación de sonoridades con los instrumentos de la orquesta, lo buscó por medio de una extensión de los registros graves de los instrumentos de viento, por ejemplo con el uso del clarinete bajo y el trombón contrabajo.

La vara del trombón contrabajo barroco, Octavposaun era poco manejable técnicamente y bastante incómoda con su alargador para la mano. En 1816, Gottfried Weber publicó *Descripción y escala del trombón doble* (*Description and scale of the double trombone* ,Mainz 1817, Schott)en el cual propuso la construcción de una vara con cuatro tubos, con lo que la vara sería movible, este mecanismo describía que siempre se moverían los cuatro tubos cuando se accionara la vara. Pero no sería hasta 1830, que un trombón doble en Fa se construiría en Paris por Halary, con el acortamiento que se fue apreciando respecto con el antiguo trombón bajo en Fa. Este acortamiento fue un paso significativo en su desarrollo.

Richar Wagner fue el primero en interesarse por el trombón contrabajo en el "Ring des Nibelungen" llevando la obra de Weber a su mente. Ideó un trombón contrabajo de doble vara en Sib (sin transpositor) mandado construir por C-A. Moritz en Berlin. Este modelo sería el patrón de construcción del trombón contrabajo que se seguiría construyendo en el S.XX.

With the end of the baroque era, the highly developed art of the brass players dies out, just as in the following period the brass instruments are allotted a much lower status. The trombone is very rarely used; its independent function as an ensemble instrument disappears.

The trombone serves mainly as a support for the choir in operas and oratorios. The few exceptions are, for example: Wolfgang Amadeus Mozart, Requiem (Tuba mirum) and in the sphere of chamber music: Ludwig van Beethoven, Three Equale for 4 trombones.

The octave trombone, rare enough in the baroque period, is completely forgotten. The bass trombone used in Haydn´s, Mozart´s and Beethoven´s works was pitched in F.

The second golden age of the trombone comes in the 19th century with Johannes Brahms, Berlioz, Wagner, Verdi and Bruckner, in particular.

The bores of the instruments became enlarged and especially the wide flared bell to which we are used today, increased the spread of sound, which did justice to the romantic and impressionistic idea that the wind section and all the instruments should blend well together.

With the invention of the valves, the equivalence of the trombone section could also be realized. Instead of using trombones in alto, tenor and bass sizes, the difference within the trombone section nowadays is only in the different bore sizes of the tenor trombones. The F bass trombone becomes a tenor-bass trombone with F attachment valve (Bb/F). In the first half of the 19th, century the tuba was developed as the lowest voice within the trombone and trumpet section. However the sound is somewhat foreign to this combination, because the tuba is a wide-bore instrument of the horn family.

Nevertheless, Wagner, whose main interest was the differentiation of the orchestral sound, sought for an extension to the low registers of the wind instruments, for example by means of the bass clarinet and contrabass trombone.

The baroque Oktavposaun was very unwieldy and the slide technique was cumbersome through the use of the handle. In 1816 Gottfried Weber published a "Description and scale of the double trombone" (Mainz 1817, Schott), in which he proposed constructing the slide using four tubes, so that when the slide was moved, as opposed to the single slide, the slide extension was doubled each time. But it was not until 1830, that a double trombone in F was made by Halary in Paris, which shortened the slides to such a degree that they were even shorter than the old F- bass trombone. This shortening was a significant step forward.
Richard Wagner was the first who called for the contrabass trombone in the "Ring des Nibelungen", brought Weber´s work back. He had a double slide contrabass trombone in BB^b (without valve) built for him in Berlin by C.A. Moritz. This model became the pattern of the contrabass trombone constructed right into the 20th century.

Mit dem Ende der Barockzeit stirbt die hoch entwickelte Kunst der Bläser ab, wie in der Folgezeit auch die Metallblasinstrumente einen weit niedrigeren Stellenwert bekommen. Die Posaune findet nur noch spärliche Verwendung; die selbständige Funktion als Ensembleinstrument geht verloren. Die Posaune dient vorwiegend zur Chorunterstützung in Opern und Oratorien.
Wenige Ausnahmen sind z. B.: Wolfgang Amadeus Mozart, Requiem (tuba mirum) und in der Kammermusik: Ludwig van Beethoven, Drei Equale für 4 Posaunen.
Die im Barock schon seltene Okavposaune wird gänzlich vergessen. Die bei Haydn, Mozart, Beethoven verwendete Bassposuane war in F gestimmt.
Die zweite Hochblüte der Posaune bringt das 19. Jahrhundert mit Johannes Brahms, Berlioz, Wagner, Verdi und Bruckner.
Die Mensuren der Instrumente werden erweitert und vor allem die uns heute gewohnte ausladende Stürze vergrößerte die Klangstreuung und folgte der romantischen und impressionistischen Vorstellung vom Verschmelzen des Bläsersatzes und aller Instrumente untereinander.
Mit der Erfindung der Ventile konnte auch die Gleichwertigkeit des Posaunensatzes verwirklicht werden. Statt Posaunen in Alt-, Tenor- und Basslänge zu verwenden, unterscheidet sich der Posaunensatz nur noch in der unterschiedlichen Mensur von Tenorposaunen. Aus der F-Bassposaune wird eine Tenorbassposaune mit Quartventil.
In der ersten Hälfte des 19. Jahrhunderts wurde die Tuba als tiefstes Register des Posaunen- und Trompetensatzes entwickelt. Der Ton klingt jedoch etwas fremd, weil die Tuba ein weitmensuriertes Instrument der Hornfamilie ist.
Richard Wagner, dem es wesentlich um die Differenzierung des Orchesterklanges ging, suchte eine Erweiterung in den tiefen Registern der Blasinstrumente, so z. B. durch die Bassklarinette und die Kontrabassposaune.
Die Oktavposaune des Barock war sehr unhandlich und zugtechnisch durch die Schwengelbedienung schwerfällig. Im Jahre 1816 verfasste Gottfried Weber eine „Beschreibung und Tonleiter der Gottfried Weberschen Doppelposaune" (Mainz 1817 bei Schott), in der er vorschlug, den Zug aus vier Zugrohren zu bauen, so dass beim Ziehen jeweils die doppelte Rohrverlängerung im Vergleich zum einfachen Zug erzielt wurde. Aber es dauerte bis 1830, bis Halary in Paris eine Doppelzugposaune in F baute und den Zug so verkürzte, dass er sogar kürzer wurde als von einer alten F-Bassposaune. Diese Verkürzung der Rohrlänge war schon ein entscheidender Schritt vorwärts in der Entwicklung.
Richard Wagner, der im „Ring des Nibelungen" als erster die Contrabassposaune forderte, besann sich auf das Werk Webers. Er ließ sich von C. A. Moritz in Berlin eine Doppelzug-Contrabassposaune in Contra-B (ohne Ventil) bauen.
Dieses Modell wurde Vorbild für den Contrabassposaunenbau bis ins frühe 20. Jahrhundert hinein.

Foto:

Javier Colomer, probando el Trombón Contrabajo en Sib grave de doble vara (THEIN).
Javier Colomer, trying double slide BBb Contrabass Trombone (THEIN).
Javier Colomer probiert eine Kontra-B-Doppelzugposaune aus (THEIN).

2.2.

La ampliación de la sección de trombones con el 4° trombón, la voz de contrabajo, sería proporcionada por Verdi en muchas de sus óperas, al menos en "Othello" y "Falstaff" donde prescribe el llamado *cimbasso*. En la ópera "Turandot", Giacomo Puccini prescribió "Trombone Contrabass" explícitamente.
Compositores tales como Richard Strauss, Leos Janacek, Alban Berg y Arnold Schönberg usaron el trombón contrabajo de forma muy explícita.
Por tanto al trombón contrabajo se le requeriría de una técnica cada vez más depurada y exacta.
Con toda probabilidad, mientras se recordaban estos dibujos viejos y los instrumentos conservados en los museos, Ernst Dehmel en 1921, inspector de orquesta y trombonista bajo en la "Opera Municipal Berlín-Charlottenburg", fue el primero en construir un trombón contrabajo de acuerdo con los principios del trombón tenor-bajo en el tono básico de Fa con dos válvulas que podrían ser accionadas independientemente con el fin de bajar el tono a Mib, Sib, o con ambos a Lab. Este instrumento fue construido por la firma de instrumentos Berlinesa A. Sprinz, bajo la patente de Dehmels vom 3. Junio 1921, Patentnummer S.56011 IX 1c.

Este trombón contrabajo fue utilizado en el foso de la Bayreuth Festspielorchester en 1924 por Ernst Dehmel.

Este modo de construcción tiene dos ventajas: por su tonalidad el instrumentista tenía la posibilidad de tocar con una columna de aire más cómoda y así le permitía llegar mucho mejor al

registro medio y agudo. Gracias a este innovador sistema, el instrumentista tenía muchas más posibilidades e incluso podía ahorrarse en ocasiones el incómodo paso a la 6° y 7° posición pasando de tener 7 a 5 posiciones.
Este principio de construcción es totalmente adecuado para hacer frente a todas las exigencias musicales y técnicas presentadas en el instrumento hasta el presente y todos los fabricantes bien conocidos de trombones contrabajo lo aplican.

2.2.

__The extension of the trombone section__ with the 4th trombone, the contrabass trombone, was used by Verdi in most of his operas. At least, the so-called "cimbasso" is prescribed in "Othello" and "Falstaff".
In the opera "Turandot", Giacomo Puccini prescribed "Trombone Contrabasso" explicitly.
Composers such as Richard Strauss, Leos Janacek, Alban Berg and Arnold Schönberg used the contrabass trombone very exactingly.
Therefore, the contrabass trombone required playing technique improvement.
In all probability whilst recollecting these old drawings and the instruments preserved in museums, Ernst Dehmel, orchestra inspector and basstrombonist at Municipal Opera in Berlin-Charlottenburg, in 1921 was the first one, who constructed a contrabass trombone according to the principles of the tenor-bass trombone in the basic pitch of F with two valves, which could be operated independently in order to lower the pitch to E^b and low B^b, or with both valves to low A^b. This instrument was built by the Brassmaker A.Sprinz in Berlin after Dehmel´s patent from 3. Juni 1921, Patentnumber S.56011 IX 1c.
This contrabasstrombone was introduced into the pit at Bayreuth Festspielorchester in 1924 by Ernst Dehmel.

This mode of construction has two advantages: thanks to the relatively high basic pitch, the player only needs to cause a shorter air column to vibrate in the middle and upper register; on account of both valves, many possibilities of slide technique are provided, which allows the slide of the F bass trombone, which was already too long for comfort to be shortened from 7 to 5 positions.
This constructional principle is fully adequate to cope with all the musical and technical demands made of the instrument up to the present and it is applied by all the well known makers of contrabass trombones.

2.2.

Die Erweiterung des Posaunensatzes mit der 4. Posaune, der Contrabassposaune, sieht auch Verdi in den meisten seiner Opern vor, zumindest in „Othello" und „Fallstaff" ist sie vorgeschrieben (meist als „Cimbasso" bezeichnet).
In der Oper „Turandot" schrieb Giacomo Puccini ausdrücklich „Trombone Contrabasso" vor.
Komponisten wie Richard Strauss, Leos Janacek, Alban Berg und Arnold Schönberg verwendeten die Contrabassposaune sehr anspruchsvoll.
Die damit häufig geforderte Contrabassposaune verlangte nach einer spieltechnischen Vervollkommnung.
Wahrscheinlich in Rückbesinnung auf diese alten Bauzeichnungen und in Museen vorhandene Instrumente konstruierte Ernst Dehmel, Orchesterinspektor und Bassposaunist der Städtischen Oper Berlin-Charlottenburg, 1921 als erster nach dem Prinzip der Tenorbassposaune eine Contrabassposaune in der Grundstimmung F mit zwei unabhängig voneinander zu bedienenden Ventilen zur Vertiefung der Stimmung nach Es und Tief-B, bzw. in der Kombination der beiden Ventile zum Kontra-As. Diese Konstruktion baute die Berliner Instrumentenbaufirma A. Sprinz nach dem Patent Dehmels vom 3. Juni 1921, Patentnummer S.56011 IX 1c. Dehmel stellte dieses Instrument 1924 im Graben des Bayreuther Festspielorchesters vor. Diese Konstruktion hat zwei Vorteile: Durch die verhältnismäßig hohe Grundstimmung braucht der Spieler in der mittleren und oberen Lage nur eine kürzere Luftsäule in Schwingungen zu versetzen. Durch die beiden Ventile sind viele zugtechnische Möglichkeiten gegeben, die es erlauben, den schon bei der F-Bassposaune überlangen Zug zu verkürzen, von 7 Positionen auf 5 Positionen.

Dieses Bauprinzip genügt bis heute allen musikalisch-technischen Ansprüchen und wird von allen bekannten Contrabassposaunenbauern angewandt.

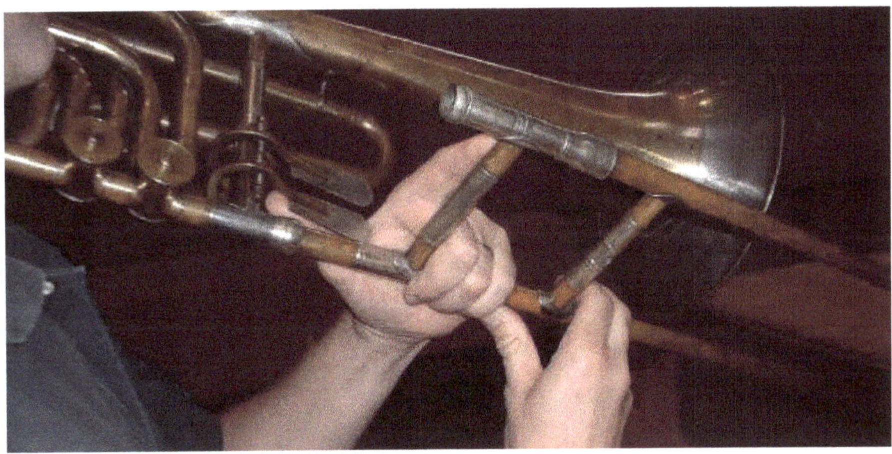

Colección de Instrumentos Históricos de la Universidad de Edimburgo.
Trombón Contrabajo de Ernst Dehmel construido en 1921, utilizado en la Orquesta Gewandhaus de Leipzig.

Edinburgh University Collection of Historic Musical Instruments.
Contrabass Trombone Ernst Dehmel build in 1921, formerly used in the Leipzig Gewandhaus Orchestra.

Sammlung Historische Musikinstrumente, Universität Edinbourg.
Contrabassposaune von Ernst Dehmel, 1921, wurde im Gewandhaus Orchester Leipzig geblasen.

Después de la 2ª Guerra Mundial, los aspectos musicales sufrieron un cambio y se necesitaron varias mejoras. Heinrich Thein con su *masterpiece* de 1973 mejoró e impactó los aspectos técnicos. El instrumento fue introducido por Joachim Mittelacher en *Hamburg State Opera* e internacionalmente fue mostrado en *"First International Brass Congress"* en 1976 en Montreux, Suiza.
Heinrich Thein publicó en 1978 "Die Kontrabassposaune - *Bild-Abriß unter besonderer Berücksichtigung der bautechnischen Aspekte (1973)" (En: Brass Bulletin, 1978, Francés, Alemán, Inglés).*
Posteriormente se han introducido más mejoras por Max & Heinrich Thein y con una estrecha relación con importantes instrumentistas alemanes de renombre internacional y muy activos musicalmente como por ejemplo Ben van Dijk que ha llevado a un respeto y reconocimiento internacional. Estas mejoras han sido efectuadas en los materiales, diámetro de la vara, grosor diferentes configuraciones de las válvulas, técnicas artesanas de construcción, boquillas y cuidado y mantenimineto del instrumento.

After 2nd world war the musical expectations changed and improvements were needed.
Heinrich Thein showed with his masterpiece in 1973 improvements in technical and musical impacts. This instrument was introduced by Joachim Mittelacher in Hamburg State Opera and internationalwise introduced at "First International Brass Congress" 1976 in Montreux-Swiss.
Heinrich Thein published in 1978 "Die Kontrabassposaune - Bild-Abriss unter besonderer Berücksichtigung der bautechnischen Aspekte (1973)" (In: Brass Bulletin, 1978, Francaise, German, English)
More improvements, till today done by Max & Heinrich Thein and in close cooperation with important German and international active players, like Ben van Dijk, brought the contrabasstrombone to international acknowledge and respect. These improvements are done in materials, bore, wall thicknesses, valve types and configurations, handling and building technics, mouthpieces and care.

Nach dem 2. Weltkrieg änderten sich die musikalischen Ansprüche und weitere Verbesserungen wurden nötig.
Heinrich Thein zeigte mit seinem Meisterstück 1973 Verbesserungen in musikalischer und technischer Hinsicht. Dieses Instrument wurde von Joachim Mittelacher in der Hamburgischen Staatsoper eingeführt und international beim "1. Internationalen Blechbläser Kongress" 1976 in Montreux, Schweiz , gezeigt.
Heinrich Thein veröffentlichte 1978 "Die Kontrabassposaune - Bild-Abriss unter besonderer Berücksichtigung der bautechnischen Aspekte (1973)" (in: Brass Bulletin, 1978, Französisch, Deutsch, Englisch).
Weitere Verbesserungen wurden und werden bis heute von Max & Heinrich Thein, in enger Zusammenarbeit mit deutschen und international anerkannten Bläsern, wie Ben van Dijk, vorgenommen und brachten die Contrabassposaune zu internationaler Beachtung und Wahrnehmung. Die Verbesserungen erfolgten in folgenden Bereichen: Materialien, Bohrungen, Wandstärken, Ventile und Ventilkonfigurationen, Bedienungselemente und moderne Bautechniken, Mundstücke und Pflege/Werterhaltung.

De acuerdo con las mejoras de hoy en día, realizadas por afamados instrumentistas como Ben van Dijk, la válvula de Mib fue cambiada a Re.

According to the modern improvements, done by famous players like Ben van Dijk, the E^b valve was changed to a D-valve.

Weitere Verbesserungen, angeregt durch hervorragende Musiker wie Ben van Dijk, führten dazu, dass das Es-Ventil zum D- Ventil erweitert wurde.

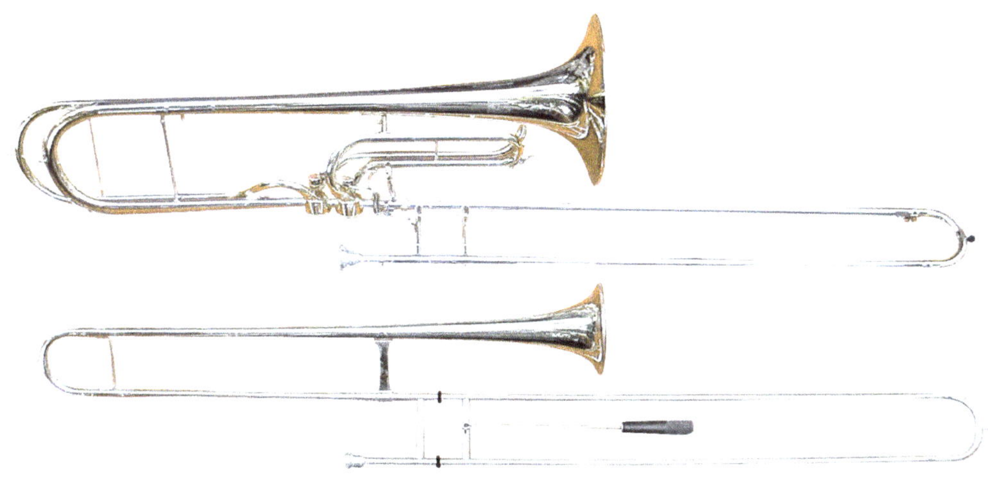

Foto:

Esta fotografia muestra el trombón contrabajo moderno (THEIN) con doble válvula en Re y Sib .Las medidas son las mismas que el Sacabuche en Fa (THEIN).

This picture shows the modern contrabass trombone (THEIN) with two valves in D and B-flat. The dimensions are the same as F Sackbut (THEIN).

Auf diesem Foto wird die moderne Contrabassposaune mit 2 Ventilen in D und B gezeigt (THEIN). Die Dimensionen sind die gleichen wie die der F-Barock-Bassposaune (THEIN).

Según la tendencia de la mayoria de los trombonistas bajo norte americanos, se utiliza una configuración respecto a las válvulas, que mezcla las posiciones del trombón bajo moderno (B-flat/F/G-flat) esto se denomina "Sistema Americano" y que consiste en la siguiente combinación de las válvulas en C y en Db. Para más información ver Capítulo 5.

According to mostly American expectations, that the valve configuration of the contrabasstrombone should blend with the valve configuration of the basstrombone (B-flat/F/G-flat) there exists an "American" valve configuration with valves in C and D^b (like modern bass trombone configuration). For more see chapter 5.

Entsprechend den meist amerikanischen Vorstellungen, dass die Ventilkombination der Contrabassposaune denen der modernen 2-ventiligen Bassposaune (B/F/Ges) entsprechen sollte, gibt es auch eine „Amerikanische¨-Ventilkombination mit Ventilen in C und Des.
Mehr darüber siehe Kapitel 5.

2.3.

Pasajes Orquestales / *Orchestral excerpts* / **Orchesterstellen**

Rheingold

3.Szene

Richard Wagner

Walküre

1.Aufzug, Vorspiel

Richard Wagner

Walküre

3.Aufzug, Vorspiel

Richard Wagner

Siegfried

1.Aufzug

Richard Wagner

Götterdämmerung, Trauermarsch

3.Aufzug, 2.Szene

Richard Wagner

Falstaff

2.Akt

Giuseppe Verdi

En la ópera "Turandot", Giacomo Puccini prescribió explícitamente "Trombone Contrabasso".

In the opera "Turandot", Giacomo Puccini prescribed "Trombone Contrabasso" explicitly.

In der Oper „Turandot" schrieb Giacomo Puccini ausdrücklich „trombone contrabasso" vor.

Turandot

Giacomo Puccini

Elektra

Richard Strauss

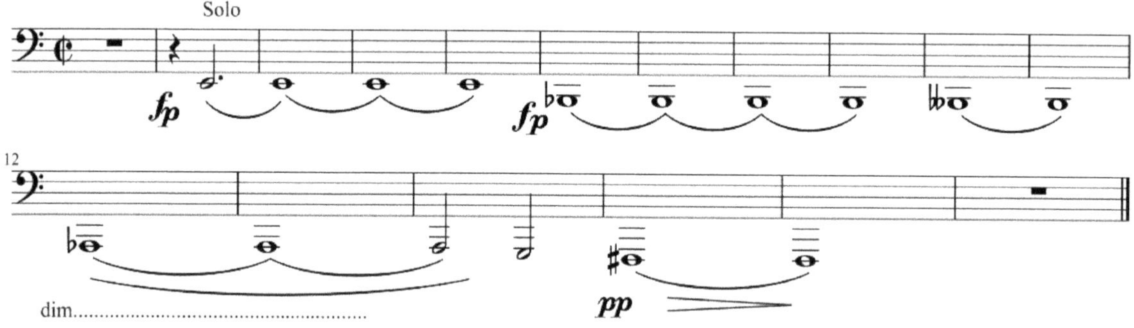

Gurre-Lieder

Arnold Schönberg

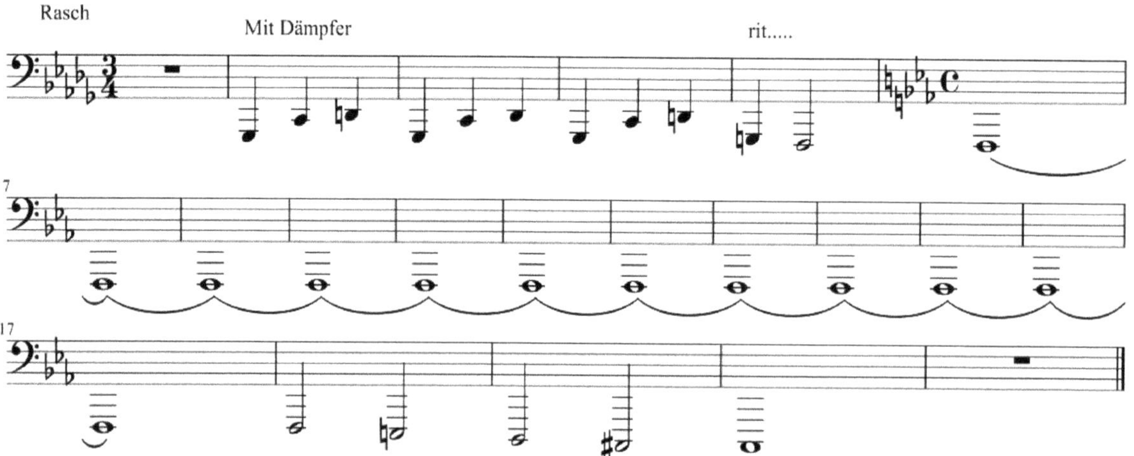

Sinfonietta

Leos Janacek

Wozzek

Alban Berg

Javier Colomer con la sección de metales gaves de la Orquesta Sinfónica Gulbenkian, Lisboa , Portugal Abril 2012.
Javier Colomer with the low brass section of the Gulbenkian Symphony Orchestra, Portugal, Lissabon, april 2012.
Javier Colomer mit dem tiefen Blech des Gulbenkian Symphonie Orchester, Portugal, Lissabon, April 2012.

2.4.
El progresivo acortamiento de los instrumentos de metal

Durante los cambios musicales que acontecieron en el mundo durante los siglos XIX y XX, uno de los objetivos fue incrementar el poder de los instrumentos hasta el fortísimo (el tamaño de las orquestas creció, el de los teatros de ópera también se incrementó, los auditorios, las expectativas musicales y la expresividad general y solística también cambiaron), por lo tanto los fabricantes desarrollaron nuevos tipos de instrumentos.
Durante el s XX las interpretaciones musicales (radio, discos, CD s, TV, películas musicales) exigieron el tener una ejecución e interpretación más precisa por parte de los músicos.
Los tubos se acortaron progresivamente desde el punto de vista acústico para poder producir los armónicos más fácilmente y con esto se ejecutarian de mejor manera.
Estos cambios fueron esenciales para el desarrollo y el cambio en los tonos y diámetros de los instrumentos de metal, especialmente en los trombones, durante los siglos XIX y XX. Lo que significa que la longitud de los instrumentos se acortó y el diámetro se abrió básicamente.
El trombón doble, denominado en el barroco "trombone doppio" (trombón contrabajo) en Sib grave (misma tesitura que la actual tuba contrabaja en Sib) y el trombón contrabajo en Sib grave, creado por Richard Wagner, cambió al trombón contrabajo en Fa con dos válvulas y vara ancha.

2.4.
Shortening the tubes of brass instruments for changing to higher keys

Due to the musical changes in the music world in the 19th and 20th century with the aim of having more powerful instruments with a strong fortissimo (the orchestra size, the opera houses size, music hall size have increased and musical expectations changed to a more expressive, soloistic playing), the instrument makers developed new types of instruments.
During 20th century music reproductions (radio, records, CD s, TV, music films) rised and urged more precision and safty plying from the musicians.
Shorter tubes acusticallywise produce less playable partials and with this less of the higher partials, which are more tight together (above 8 th partial). By this the safty to hit the partials is increased.
There was an essential development in the change of the keys and bores of brass instruments, especially trombones, during the 19th and 20th century.
This means that the basic length of the tubes was shortened and the bores were opened.
The double bass basstrombone, in baroque times, called "trombone doppio" (contrabass trombone) in BB (length like today BB tuba) and Richard Wagner´s contrabass trombone in BB changed to Contrabass trombone in F with 2 valves and a bigger bore .

2.4.
Verkürzung der Rohrlänge bei Blechblasinstrumenten zur Änderung der Grundstimmung

Entsprechend den musikalischen Entwicklungen im 19. Jahrhundert, lautere und kraftvollere Instrumente zu haben, mit einem starken Fortissimo (die Orchestergröße, die Größe der Opernhäuser und Konzertsäle hatte zugenommen und die musikalischen Erwartungen wurden ausdrucksstärker und solistischer), haben die Instrumentenbauer neue, kraftvollere Instrumententypen entwickelt.
Im 20. Jahrhundert kamen durch Musikaufnahmen (Radio,Schallplatten, CDs, TV, Musik-Filme) erhöhte Anforderungen an die Musiker in Hinsicht auf Sicherheit und Präzision hinzu.
Kürzere Rohrlängen haben akustisch gesehen weniger blasbare Naturtöne und damit weniger von den dichter beieinanderliegenden Naturtönen im oberen Bereich. (Über 8. Naturton).
Dadurch wird die Treffsicherheit sehr erhöht.
Während des 19. und 20. Jahrhunderts gab es einen entscheidenden Wandel in der Grundstimmung und Mensur der Blechblasinstrumente, besonders der Posaunen.

Zum besseren Verständnis: Die Rohrlängen wurden verkürzt und die Bohrungen erweitert.
Die Kontra-B-Posaune der Barockzeit, genannt "trombone doppio" (Rohrlänge wie die B-Tuba), und Richard Wagners Contrabassposaune in Kontra-B wurden verkürzt zur Contrabassposaune in F mit 2 Ventilen und erweiterter Bohrung.

Trombón Contrabajo de doble vara en Sib grave y válvula en Fa THEIN-Trombón Contrabajo en Fa y doble válvula en Re y Sib grave THEIN.

THEIN BB-Double bass contrabasstrombone with double slide - THEIN F-Contrabasstrombone with 2 valves, D and BB .

THEIN Kontra-B Contrabassposaune mit Doppelzug-THEIN F-Contrabassposaune mit 2 Ventilen in D und B.

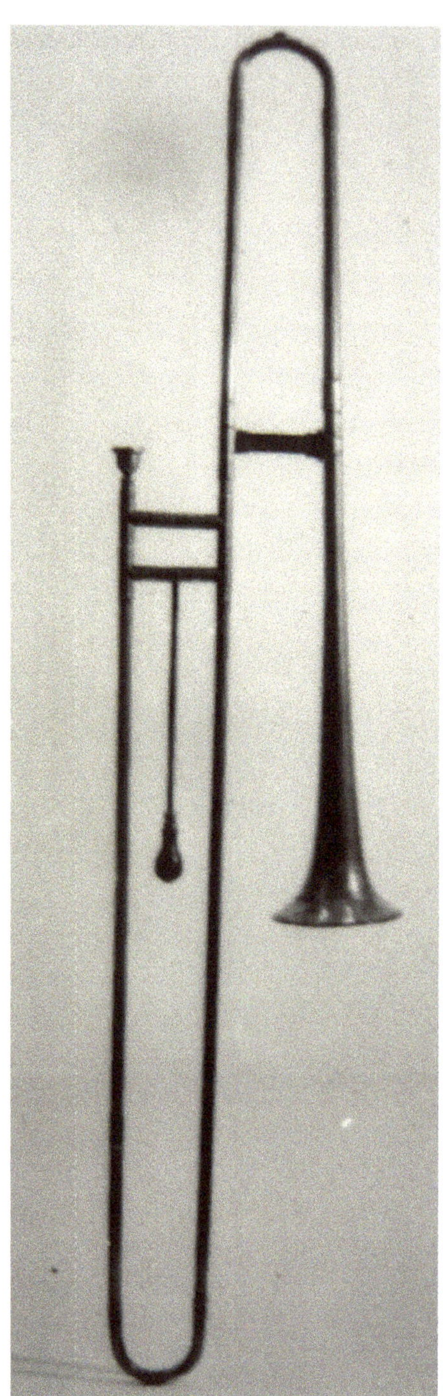

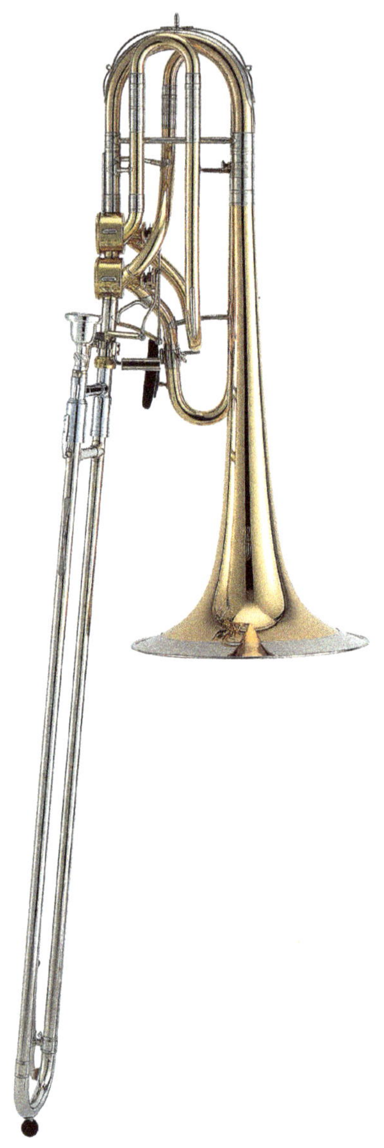

Izquierda: Trombón Bajo en Fa,Johann Heinrich Eichgentopf, Leipzig , 1723
(Sacabuche en Fa, trombón bajo en Fa en la época clásica y romántica).
Derecha: Trombón Bajo actual en Sib /Fa/ Solb(Re) (THEIN).

Left: Bass Trombone in F, Johann Heinrich Eichgentopf, Leipzig , 1723
(F-sackbut, F-basstrombone in classical and romantic time).
Right: Modern Bass Trombone in Bb/F/Gb (D) (THEIN).

Links: Barock-F-Bassposaune ,Johann Heinrich Eichgentopf, Leipzig , 1723
(F-Sackbut, F-Bassposaune in Klassik und Frühromantik).
Rechts: moderne Bassposaune in B/F/Ges(D) (THEIN).

El Trombón alto en Re cambió a Mib o Fa.
Para más información : Dr. Peter Körner, Sonic, Ausgabe 6/2011, "Altposaunen in D, Historie und Verwendung in der Neuzeit".

Altotrombone in D changed to E-flat or F alto.
For further information see : Dr. Peter Körner, Sonic, Ausgabe 6/2011, "Altposaunen in D, Historie und Verwendung in der Neuzeit".

Die Altposaune in D wurde verkürzt zu Es oder F
Für nähere Erläuterungen dazu siehe: Dr. Peter Körner, Sonic, *Ausgabe 6/2011,* "Altposaunen in D, Historie und Verwendung in der Neuzeit".

2.5.

También con las trompetas ocurrió el mismo proceso de acortamiento:
La Trompeta en Fa cambió a trompeta en Sib (Trompeta alemana en Sib).

2.5.

The trumpets experienced the same Shortening process:
F-trumpet (Low F-trumpet) changed to B-flat trumpet (Deutsche-B-Trompete).

2.5.

Die Trompeteninstrumente wurden ebenfalls gekürzt:
Die Tief-F-Trompete zur B-Trompete (Deutsche B-Trompete).

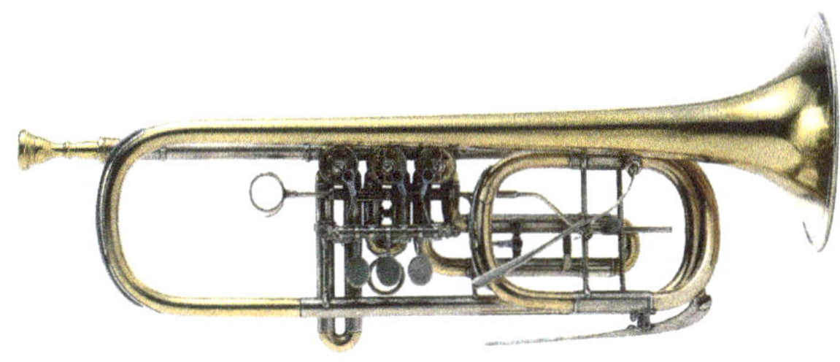

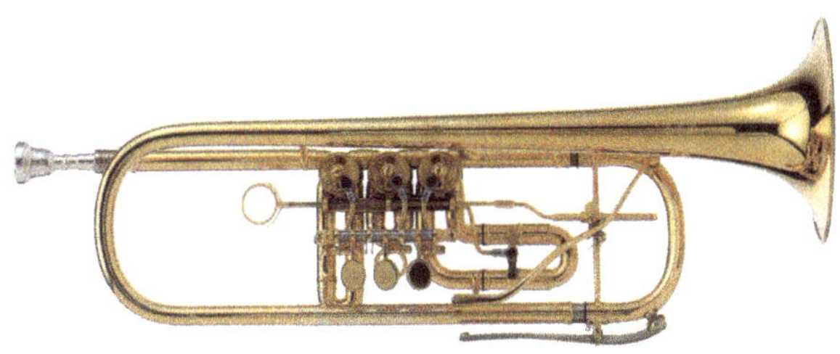

La Corneta en La cambió a Sib o Corneta Sopranino en Mib.

A-Cornet changed to B-flat or Sopranino E-flat Cornet.

Das A-Cornett wurde verkürzt zum B-Cornett oder Sopranino Es-Cornett.

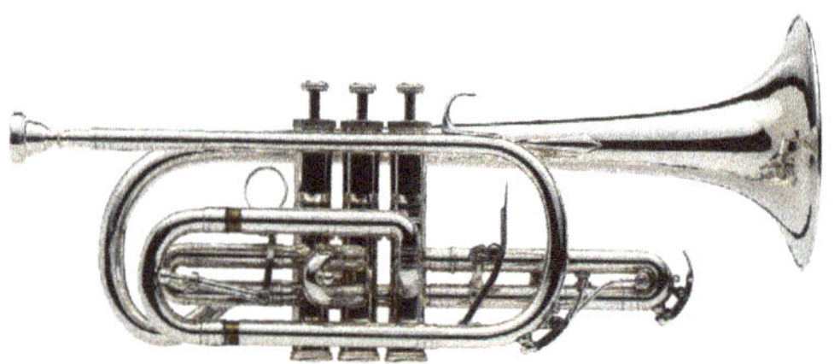

La Trompeta en Re (Trompeta Barroca) cambió a Trompeta Sopranino en Mib, cambiando de nuevo a Trompeta Pícolo en Sib/La.

D-trumpet (baroque-trumpet) changed to Sopranino E-flat-trumpet, which changed again to Piccolo trumpet in B-flat/A.

Die D-Barocktrompete wurde gekürzt zur Es-Trompete und weiter verkürzt zur B/A - Piccolotrompete.

Fotos:

Todos los instrumentos mostrados de la familia de la trompeta son modelos THEIN.
All shown instruments from the trumpet family are THEIN models.
Alle gezeigten Instrumente der Trompetenfamilie sind THEIN Modelle.

3.
MODELOS ACTUALES DE THEIN
THEIN current models
THEIN Modelle

Trombón Contrabajo THEIN en Fa ,
Transpositores tipo " Thein Star Valves"

THEIN F - Contrabass Trombone ,
Valves " Thein Star Valves"

THEIN Contrabassposaune in F,
THEIN-Stern Ventile

Trombón Contrabajo THEIN en Fa
Modelo Ben van Dijk
Transpositores Hagmann ®

THEIN F-Contrabass Trombone,
Ben van Dijk model
Hagmann ® Valves

THEIN Contrabassposaune in F
Ben van Dijk Modell, Hagmann®-Ventile

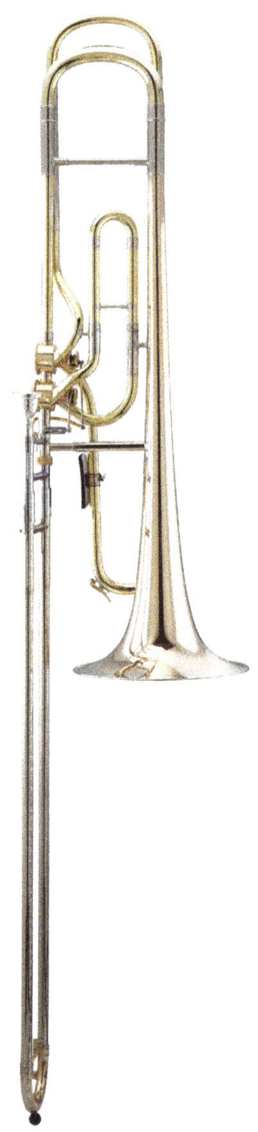

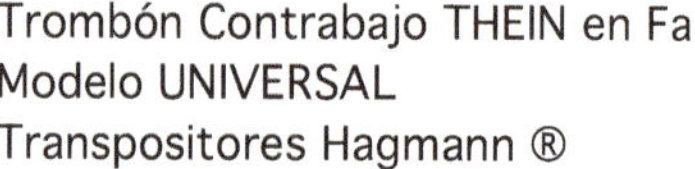

Trombón Contrabajo THEIN en Fa
Modelo UNIVERSAL
Transpositores Hagmann ®

THEIN F-Contrabass Trombone,
UNIVERSAL model
Hagmann ® Valves

THEIN Contrabassposaune in F
UNIVERSAL Modell
Hagmann®-Ventile

Trombón Contrabajo THEIN en Fa
Modelo AMERICANO
Transpositores Hagmann ®

THEIN F-Contrabass Trombone,
American Modell
Hagmann ® Valves

THEIN Contrabassposaune in F
AMERICAN Modell
Hagmann®-Ventile

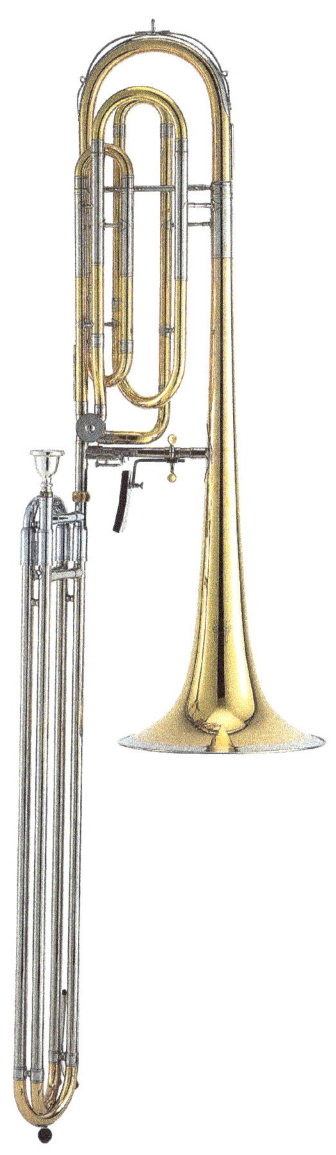

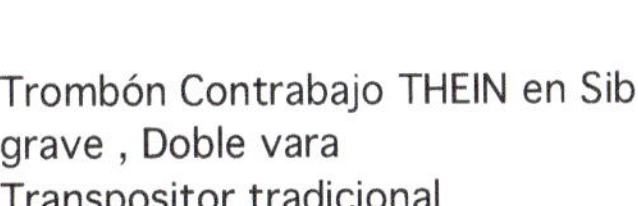

Trombón Contrabajo THEIN en Sib grave , Doble vara
Transpositor tradicional

THEIN BBb - Contrabass Trombone ,Double slide, Rotary valve

THEIN Contrabassposaune
in Kontra-B, Doppelzug,
1 Zylinderventil

Cimbasso THEIN en Fa , opcional a Mib
5 Válvulas
(Comentarios en capitulo 14)

THEIN Cimbasso in F , optional Es 5 Rotary valves
(Comments in Chapter 14)

THEIN Cimbasso in F
(optional in Es)
5 Zylinderventile
(Näheres in Kapitel 14)

4. Trombón Contrabajo, configuración alemana tradicional, tabla de posiciones

Contrabass Trombone, Traditional German valve configuration, Positions tuning chart

Contrabassposaune, Zugtabelle für Traditionelle Deutsche Ventilkombination

Para la anotación de las posiciones del trombón contrabajo, me sirvo de los sistemas tradicionales y más comunes utilizados en varios de los métodos y estudios para trombón bajo que existen hoy en día. Lo expongo de este modo con tal de facilitar y agilizar la comprensión del instrumento para que resulte más próximo al trombón bajo.

Cabe destacar que los siguientes ejercicios están dirigidos a la llamada "configuración alemana tradicional". Para esta configuración , se mostrarán las 5 posiciones básicas de forma numérica, de la siguiente manera :

1, 2, 3, 4, 5
Cada número corresponde a su respectiva posición.

For the annotation of contrabass trombone positions, we use the traditional and most common use in a number of methods for bass trombone and studies that exist today. I expose in this way with such ease and speed of understanding of the instrument to make it closer to the bass trombone.

Note that the following exercises are aimed at the "traditional German valve configuration." For this configuration, the five basic positions displayed numerically, as follows: 1, 2, 3, 4, 5.

Für die Bezeichnung der Positionen der Contrabassposaune benutzen wir die traditionelle und heute in vielen Bassposaunenschulen und -methoden am meisten gebräuchliche Art. Wir gehen in dieser Weise vor, um das Instrument schneller verstehen zu können, indem wir es näher an die Bassposaune heran bringen.
Es ist zu beachten, dass die folgenden Übungen für die Contrabassposaune mit traditioneller Deutscher Ventilkombination angelegt sind. Die fünf Grund-Zugpositionen sind in der Reihenfolge angelegt: 1, 2, 3, 4, 5 .

4.1. Trombón Contrabajo en Fa, sin accionar ninguna válvula.

El símbolo + colocado encima de algunas notas indica que deben tocarse ligeramente más altas para rectificar su entonación.

Contrabass Trombone F positions , without valves

The + symbol placed over some notes indicates that you should play slightly higher in order to correct intonation.

Contrabassposaune in F, ohne Ventile

Das + Symbol über einigen Noten zeigt an, dass diese Töne etwas höher gespielt werden müssen, um korrekt zu stimmen.

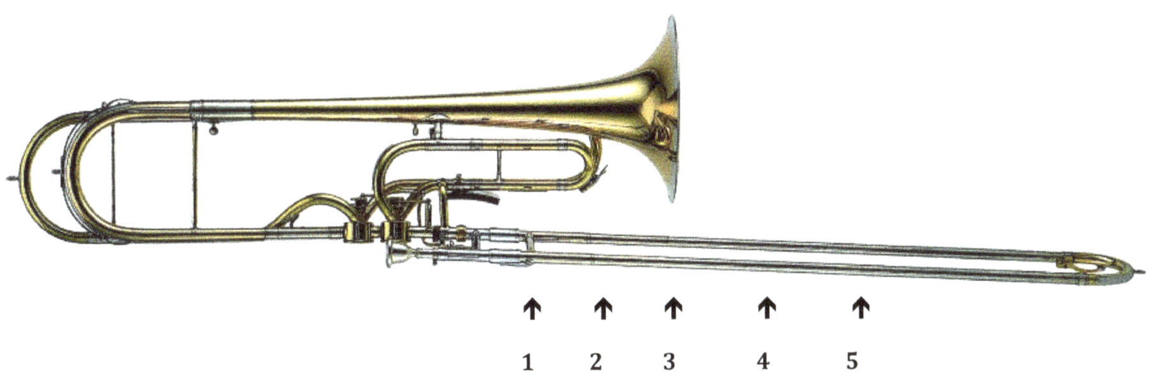
1
2
3
4
5

1
2
3
4
5

Ejercicio 1°, *1st Exercice*, 1. Übung

En el 1° ejercicio, se trabajarán las posiciones del trombón contrabajo en Fa (sin accionar ninguna válvula).

In the 1st exercise, we will work on the positions of the contrabass trombone in F (without operating any valves).

In der 1. Übung wollen wir die Zug-Positionen der F-Contrabassposaune (ohne Ventilbetätigung) spielen.

Ejercicio 1°, *1st Exercice*, 1. Übung

Foto:

Christian Lindberg y Javier Colomer en Buñol (España) en el Primer Simposium de Trombón. Agosto 2003.
Christian Lindberg and Javier Colomer in Buñol, (Spain), during the First Trombone Symposium, August 2003.
Christian Lindberg und Javier Colomer in Buñol, (Spanien) während des 1. Posaunen Symposium, August 2003.

Ejercicio 2°, *2nd Exercice*, **2. Übung**

En los ejercicios 2° y 3°, se trabajara el legato en las posiciones del trombón contrabajo en Fa (sin accionar ninguna válvula).

In the 2nd and 3rd exercises, we will work on the legato in the positions of the contrabass trombone in F (without operating any valves).

In der 2. und 3. Übung arbeiten wir am legato in den Zugpositionen der Contrabassposaune (ohne die Ventile zu bedienen).

Ejercicio 2°, *2nd Exercice*, 2. Übung

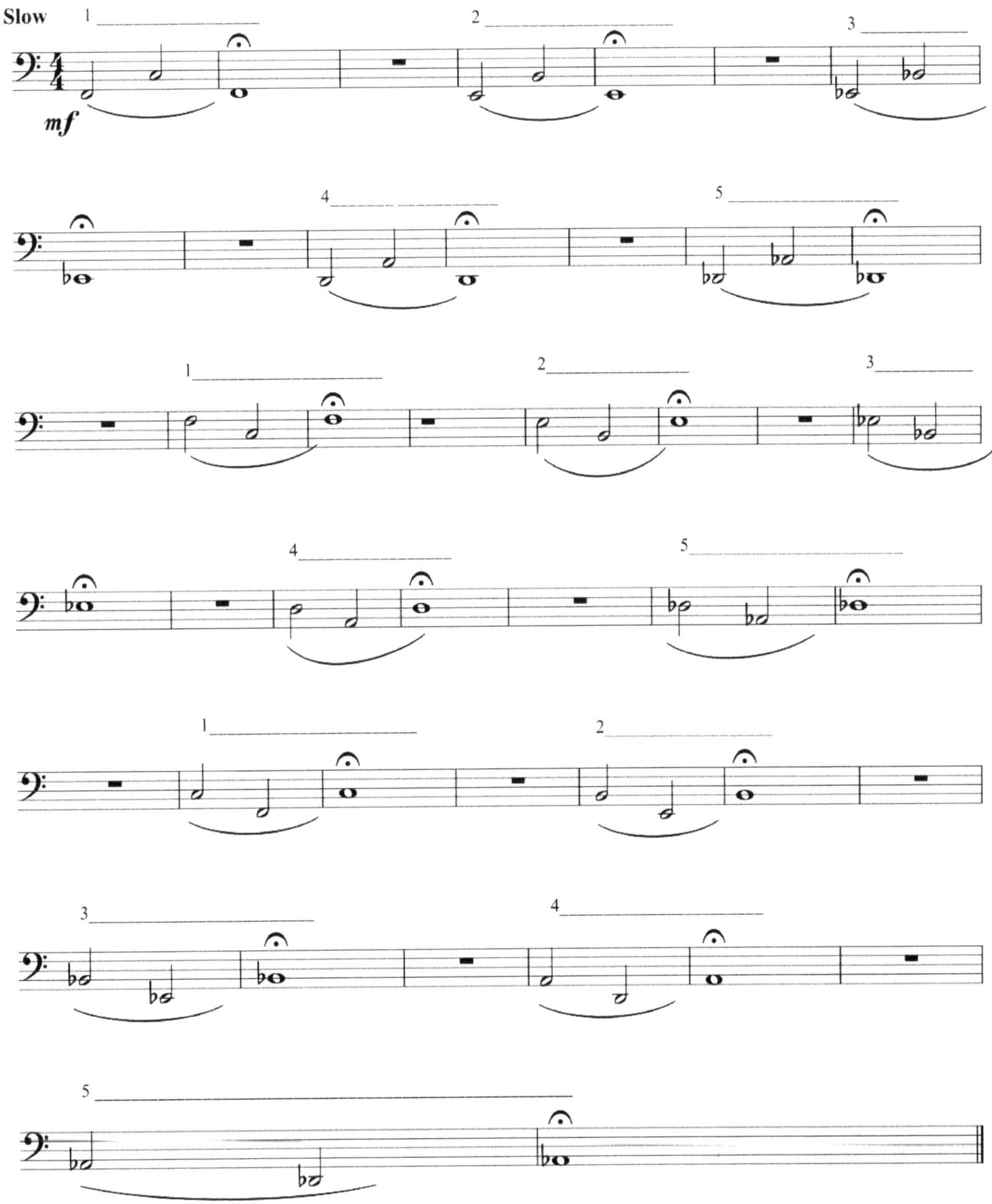

Ejercicio 3°, *3rd Exercice*, **3. Übung**

4.2.

1ª Válvula , Tonalidad Re

En esta tabla se muestran los armónicos que se producen con la 1ª válvula. En esta tabla se mostrarán las posiciones de la siguiente manera:
1D, 2D, 3D, 4D, 5D. La D corresponde a Re en la nomenclatura inglesa. Estas posiciones están ligeramente más bajas que las posiciones del tono de Fa. El símbolo + colocado encima de algunas notas indica que dicha posición se tocará ligeramente más altas para rectificar su entonación.

First valve in D

In this chart you can see the partials played in the 1st valve. In this chart you will see the positions in the following way:
1D, 2D, 3D, 4D, 5D. These positions are subtly lower than the positions in F tone. The + symbol over some notes indicates that you should play slightly higher to correct its intonation.

1. Ventil-Bedienung, D-Ventil

In dieser Serie sieht man die Töne, die mit dem 1. Ventil gespielt werden.
Man sieht die Positionen an den folgenden Plätzen:
1D, 2D, 3D, 4D,5D. Diese Positionen sind leicht tiefer zu ziehen als die Positionen in F.
Das + Symbol über einigen Noten zeigt an, dass man diese Töne leicht höher ziehen sollte, damit sie korrekt stimmen.

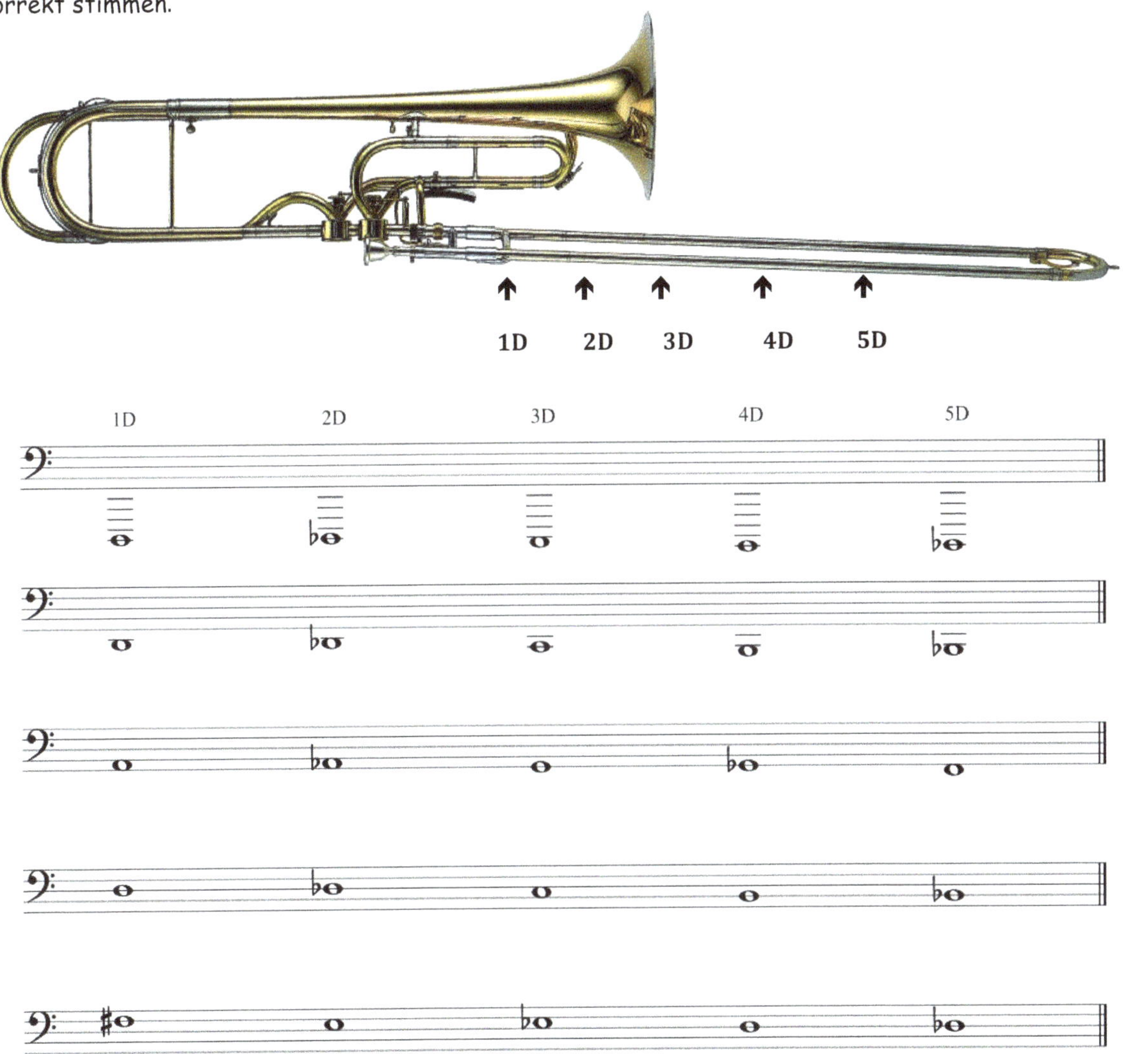

En la siguiente tabla, se muestran más armónicos de la 1° válvula para que sirvan de recurso y conocimiento de los mismos. No son muy utilizados pero conviene tener conocimiento de ellos.

In the next chart, shown more partials of the first valve to serve as a resource and knowledge thereof. They are widely used but they should be aware of:

In der folgenden Übersicht sind weitere Töne gezeigt, die mit dem 1. Ventil spielbar sind. Es ist ein erweiterter Tonvorrat und es ist gut sie zu kennen. Man benutzt sie nicht so oft, aber sie sind spielbar.

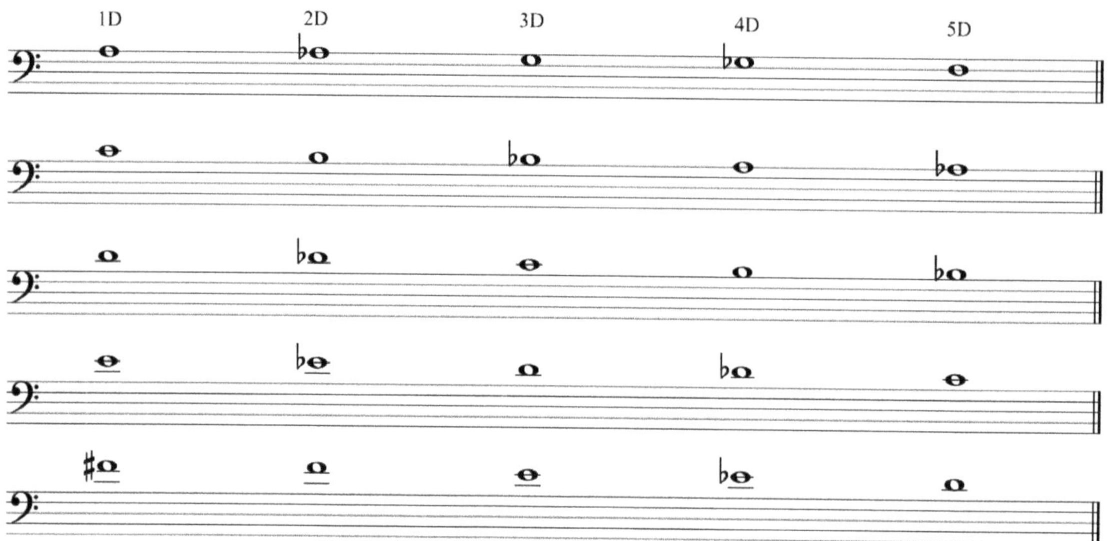

Ejercicio 4°, 4th *Exercice*, **4. Übung**

El ejercicio 4° consiste en tocar los armónicos de la 1ª válvula en sus 5 posiciones, para familiarizarse con la flexibilidad de esta válvula (D)

The 4th exercise involves the playing the partials of the D-valve in its 5 positions in order to become familiar with the flexibility of the D-valve.

Die 4. Übung nimmt die Töne des D-Ventils mit ihren 5 Positionen hinzu, um sich an die Flexibilität des D-Ventils zu gewöhnen.

Ejercicio 4°, 4th *Exercice*, 4. Übung

Ejercicio 5°, *5th Exercice*, 5. Übung

El ejercicio 5°, 6° y 7° se ejecutará combinando las posiciones del trombón contrabajo en Fa (sin accionar ninguna válvula) con las posiciones de la 1ª válvula (D).

The 5th , 6th and 7th exercise will be played combining the positions of the contrabass trombone in F (without operating any valves) and the positions of the 1st valve (D).

Die 5., 6. und 7. Übung kombiniert die Positionen der Contrabassposaune in F (ohne Ventilbetätigung) mit den Positionen des 1. Ventils (D).

Ejercicio 5°, *5th Exercice*, 5. Übung

Ejercicio 6°, *6th Exercice*, 6. Übung

Ejercicio 7°, *7th Exercice*, **7. Übung**

Ejercicio 8°, *8th Exercice*, **8. Übung**

Los ejercicios 8° y 9° nos ayudarán a coordinar las posiciones sin válvula con las posiciones de la 1ª válvula (D).

The 8th and 9th exercises will help us to combine the positions without valve and with D- valve.

Die 8. und 9.Übung hilft, die Positionen ohne Ventile und mit dem D-Ventil zu kombinieren.

Ejercicio 8°, *8th Exercice*, 8. Übung

Ejercicio 9°, *9th Exercice*, 9. Übung

Foto:
Javier Colomer y Joe Alessi en Italia, Seminario Alessi. Agosto de 2002.
Javier Colomer and Joe Alessi in Italy, Alessi Seminar, August 2002.
Javier Colomer und Joe Alessi in Italien, Alessi Seminar August 2002.

Ejercicio 10°, *10th Exercice*, 10. Übung

Los ejercicios 10° y 11° nos ayudarán a coordinar las posiciones sin válvula con las posiciones de la 1ª válvula (D).

The 10th and 11th exercises will help us to combine the positions without valve and with the D- valve.

Die 10. und 11. Übung helfen, die Positionen ohne Ventile mit dem D-Ventil zu kombinieren.

Ejercicio 10°, *10th Exercice*, 10. Übung

Ejercicio 11°, *11th Exercice*, 11. Übung

Ejercicio 12°, *12th Exercice*, 12. Übung

El ejercicio 12° es un cromatismo para el completo conocimiento de las posiciones sin válvula y las posiciones de la 1ª válvula(D).

The 12th exercise is a chromaticism to improve the knowledge without valve and D-valve positions.

Die 12. Übung ist eine Chromatikübung, um die Sicherheit der Positionen ohne Ventile und mit den D-Ventil -Positionen zu üben.

Ejercicio 12°, *12th Exercice*, 12. Übung

4.3.

2ª Válvula Sib (grave)

En la siguiente tabla, se muestran las notas que se tocan habitualmente con la 2ª válvula del trombón contrabajo. En esta tabla se mostrarán las posiciones de la siguiente manera:
1B♭, 2B♭, 3B♭, 4B♭. Estas posiciones están dispuestas ligeramente más bajas que las de la 1ª válvula (D).

Second valve in BBb

In the following chart, you can see the partials, that are usually played in the BBb-valve of the Contrabass Trombone. In this chart you will see the positions in the following way:
1B♭, 2B♭, 3B♭, 4B♭. *These positions are subtly lower than the positions in D valve.*

2. Ventil in B

Die folgende Übersicht zeigt die Töne, die normalerweise mit dem B-Ventil der Contrabassposaune gespielt werden. Die Positionen sind folgendermaßen bezeichnet:
1B♭, 2B♭, 3B♭, 4B♭. Diese Positionen sind leicht tiefer zu ziehen als die Positionen mit dem D-Ventil.

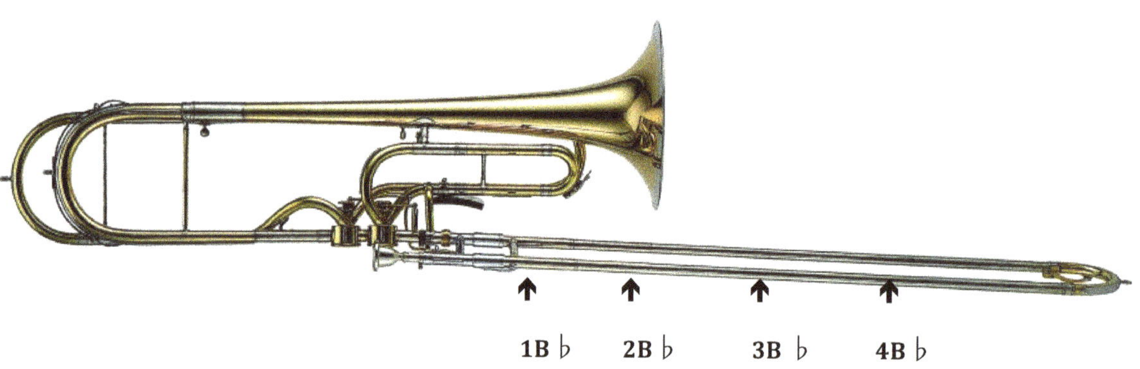

La siguiente tabla muestra las notas contrapedales de la 2ª válvula. No son notas demasiado habituales y necesitan de un estudio especial. Sirvan de recurso y conocimiento de las mismas.

The next chart show the contrapedal notes of the second valve. These are notes not realy often and require special study. Serve as resource and knowledge of them.

Die folgende Übersicht zeigt Pedaltöne des 2. Ventils an. Diese Töne werden nicht oft notiert und bedürfen besonderer Übung. Es ist gut diesen Tonvorrat zu kennen.

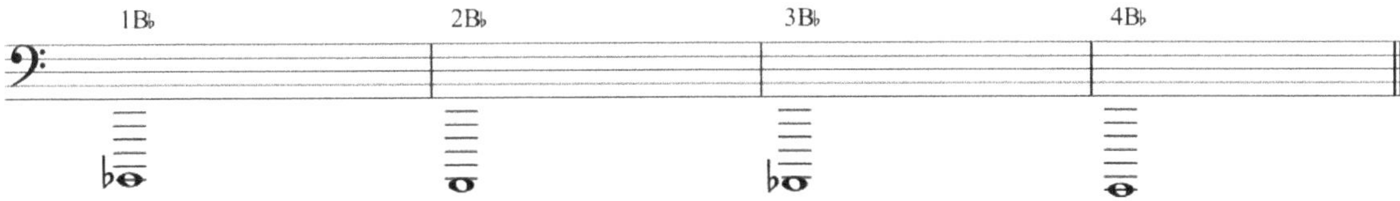

La siguiente tabla muestra los armónicos agudos de la 2° válvula. No es habitual ejecutarlos con la 2ª válvula. Es mejor tocar esas notas en sus otras posiciones. Sirvan de recurso y conocimiento de las mismas.

The next chart shown the high partials of the second valve. Is not usual to play with second valve. Better to play with the other postions. Serve as resource and knowledge of them

Die folgende Übersicht zeigt hohe Töne, die mit dem 2. Ventil spielbar sind. Aber es ist nicht üblich sie mit dem 2. Ventil zu spielen. Sie sind mit anderen Positionen leichter zu spielen. Es ist trotzdem gut, diesen Tonvorrat zu kennen.

Foto:

Javier Colomer y Denis Wick en Helsinki (Finlandia). Agosto de 2003 en ITF.
Javier Colomer and Denis Wick at ITF, Helsinki (Finland), August 2003.
Javier Colomer und Denis Wick, ITF in Helsinki (Finland), August 2003.

Ejercicio 13°, 13th Exercice, **13. Übung**

El ejercicio 13° combina las 4 posiciones de la 2ª válvula .

The 13th exercise combine the four positions of the second valve.

Die 13. Übung kombiniert die 4 Positionen des 2. Ventils.

Ejercicio 13°, 13th Exercice, 13. Übung

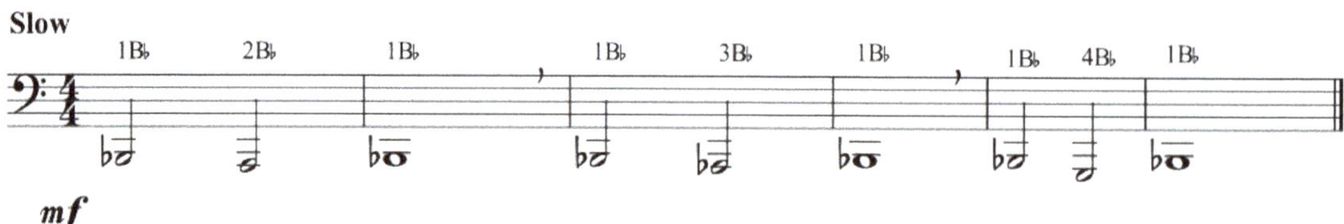

Ejercicio 14°, 14th Exercice, **14. Übung**

Los ejercicios 14° y 15° se ejecutarán combinando la 2° válvula (B ♭) y las posiciones de Fa (sin accionar ninguna válvula).

The exercises 14th and 15th play by combining the second valve (B♭) and the F positions (without any valve).

Die 14. und 15. Übung kombiniert das 2. Ventil (B-Ventil) mit den F- Positionen (ohne Ventile).

Ejercicio 14°, 14th Exercice, 14. Übung

Ejercicio 15°, 15th Exercice, **15. Übung**

Ejercicio 16°, 16th Exercice, 16. Übung

Los ejercicios 16° y 17° nos ayudarán a coordinar las posiciones de la 1ª válvula (D) y de la 2ª válvula (B♭).

The 16th and 17th exercises will help us to combine the positions with D- valve and B♭-valve.

Die 16. und 17. Übung helfen, die Positionen mit dem D-Ventil und dem B-Ventil zu kombinieren.

Ejercicio 16°, 16th Exercice, 16. Übung

Foto:

Javier Colomer y Max Thein disfrutando juntos en Bremen con el Trombón Bajo y Contrabajo, 2004.
Javier Colomer enjoys to be with Max Thein in Bremen for Bass and Contrabass Trombone, 2004.
Javier Colomer und Max Thein in Bremen, 2004, Freude über die neue Bass-und Contrabassposaune.

Ejercicio 17°, 17th Exercice, 17. Übung

Ejercicio 18°, 18th Exercice, 18. Übung

El ejercicio 18° es un cromatismo para el completo conocimiento de las posiciones sin accionar válvulas, con la 1ª válvula (D) y con la 2ª válvula (B♭).

The 18th exersice is a cromatical exercise for to know the positions without valves, with first valve (D) and second valve (B♭).

Die 18. Übung ist eine chromatische Übung, um die Positionen ohne Ventilbedienung mit denen des 1.Ventils (D) und des 2. Ventils (B) zu üben.

Ejercicio 18°, 18th Exercice, 18. Übung

Foto:

Cuarteto de Trombones Bones Apart y Javier Colomer, Beniarrés (España). Marzo 2006.
Trombone Quartet Bones Apart and Javier Colomer, Beniarrés (Spain) March 2006.
Posaunenquartet Bones Apart und Javier Colomer, Beniarrés (Spanien) März 2006.

4.4.
1ª y 2ª válvulas Lab (Grave)

La siguiente tabla, muestra los armónicos que se tocan habitualmente con la 1° y 2ª válvula del trombón contrabajo. En ella se mostrarán las posiciones de la siguiente manera:
1A♭, 2A♭, 3A♭, 4A♭. Estas posiciones están dispuestas ligeramente más bajas que las de la 2ª válvula (B♭).

First and Second valves Aab

In the following chart, you can see the partials, that are usually played in the first and second valve of the Contrabass Trombone. In this chart you will see the positions in the following way:
1A♭, 2A♭, 3A♭, 4A♭. *These positions are subtly lower than the positions in B♭ valve.*

1. und 2. Ventil = Kontra As

Die folgende Übersicht zeigt die Töne, die normalerweise mit dem 1. und 2. Ventil der Contrabassposaune gespielt werden. Die Positionen sind folgendermaßen bezeichnet:
1A♭, 2A♭, 3A♭, 4A♭. Diese Positionen sind leicht tiefer zu ziehen als die Positionen mit dem B♭-Ventil.

Ejercicio 19°, 19th Exercice, **19. Übung**

El ejercicio 19° , combina las posiciones de La bemol (A ♭) con las de Si bemol (B ♭).

The 19th exercice combines the positions of the first and the second valve together (A♭) with the second valve (B♭).

Die 19. Übung verbindet die Positionen des 1. und 2. Ventils (As) zusammen mit denen des 2. Ventils (B).

Ejercicio 19°, 19th Exercice, 19. Übung

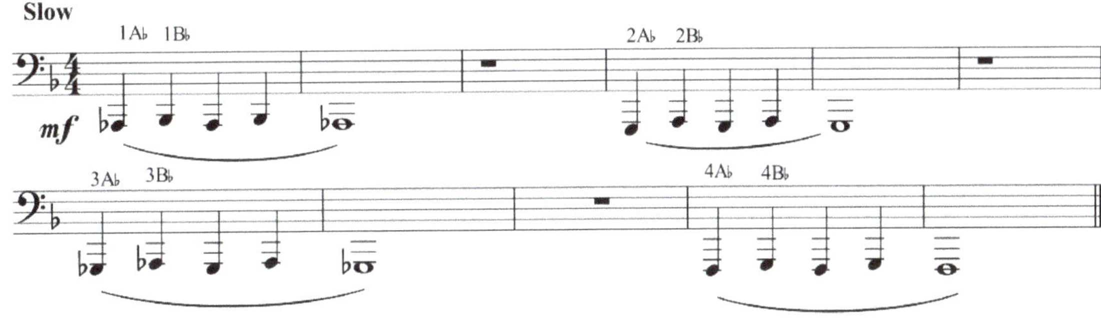

Ejercicio 20°, 20th Exercice, **20. Übung**

El ejercicio 20° , combina las posiciones de La bemol (A ♭) con las de Re (D).

The 20th exercice combines the positions of the first and the second valve together (A♭) with the first valve (D).

Die 20. Übung verbindet die Positionen des 1. und 2. Ventils zusammen (As) mit denen des 1. Ventils (D).

Ejercicio 20°, 20th Exercice, **20. Übung**

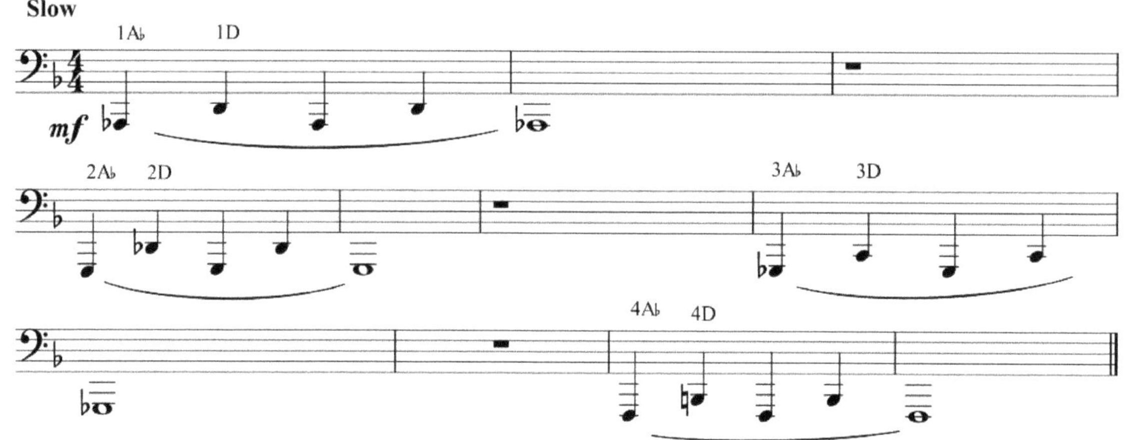

Ejercicio 21°, 21th Exercice, **21. Übung**

El ejercicio 21° combina todas las posiciones: Fa, Re(D), Si bemol(B) y La bemol (A ♭) .

The 21th exercice combines the positions without valves F, first valve (D) , second valve (B ♭) and first and second valve together (A♭).

Die 21. Übung verbindet die Positionen ohne Ventile F mit den Positionen mit dem 1. (D) und

2. *(B ♭)* Ventil, zusammen (As) .

Ejercicio 21°, 21th Exercice, **21. Übung**

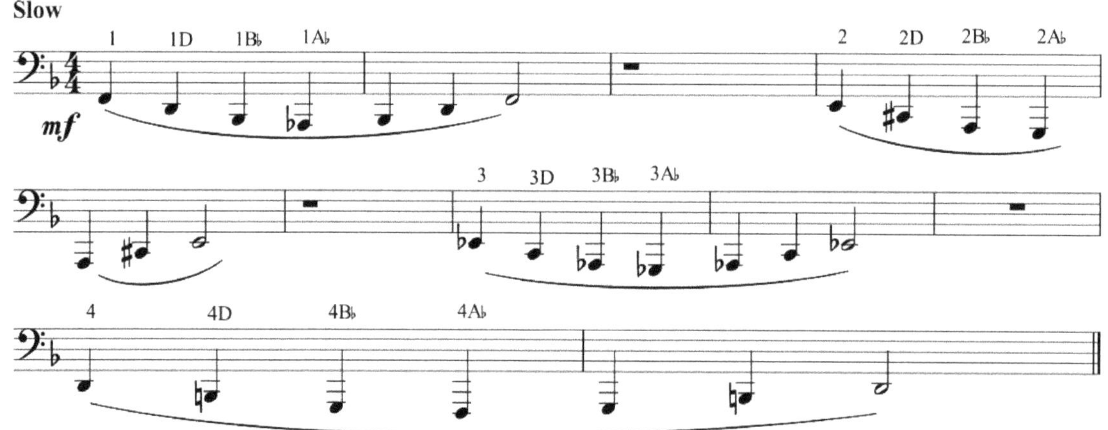

4.5.
Escalas *Scales* ***Tonleitern***

Es recomendable tocar las siguientes escalas con diferentes dinámicas y diferentes combinaciones rítmicas. Pueden valer los siguientes ejemplos:

I suggest to play the next scales with different dynamics and differents rythm combinations. Enjoy the next examples:

Ich schlage vor, die folgenden Tonleitern und Dreiklangbrechungen in unterschiedlichen Dynamik- und unterschiedlichen Rhythmuskombinationen zu spielen. Viel Spaß mit den folgenden Beispielen:

Escala de Fa Mayor, *F Major*, F-Dur

Escala de Mi Mayor , *E Major*, E-Dur

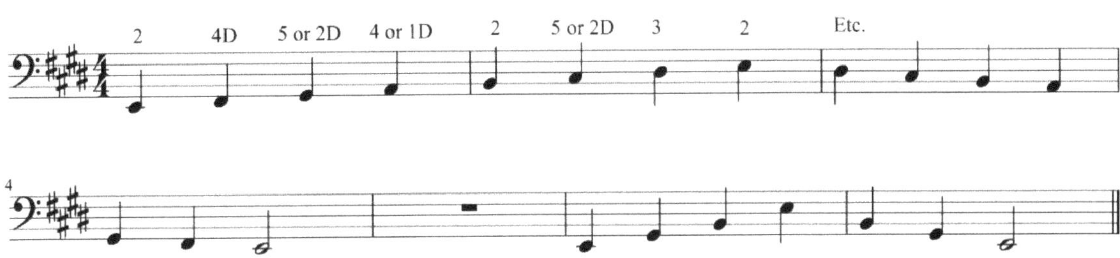

Escala de Mi ♭ Mayor, *E ♭ major*, Es-Dur

Escala de Re Mayor , *D Major*, D-Dur

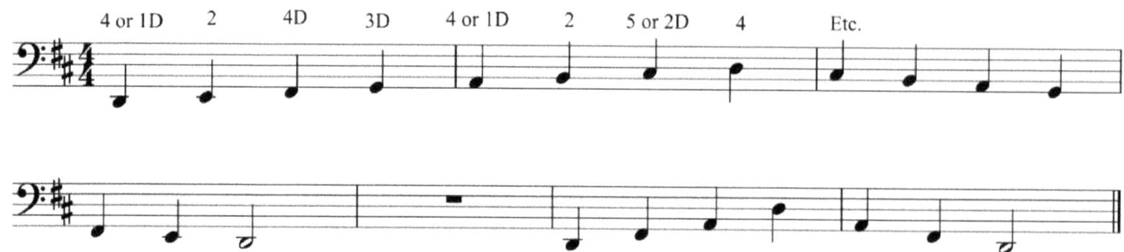

Escala de Re♭ Mayor , *D♭ Major*, Des-Dur

Escala de Do Mayor , *C Major*, C-Dur

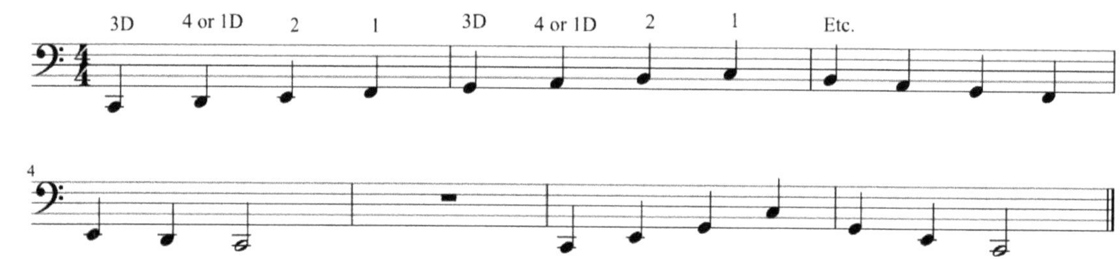

Escala de Si Mayor , *B Major*, H-Dur

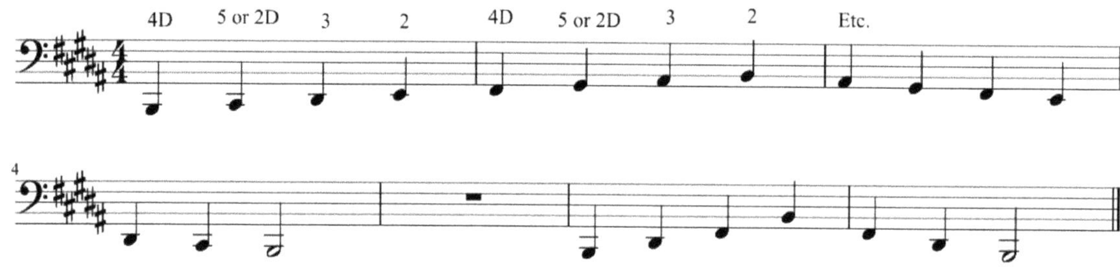

Escala de Si♭ Mayor , B♭ Major, B-Dur

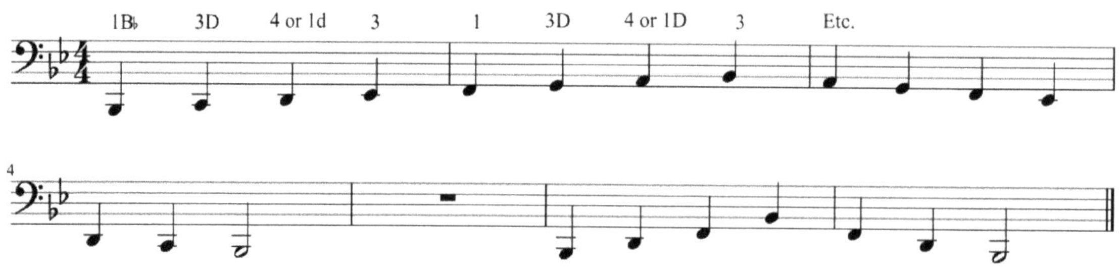

Escala de La Mayor , *A Major*, A-Dur

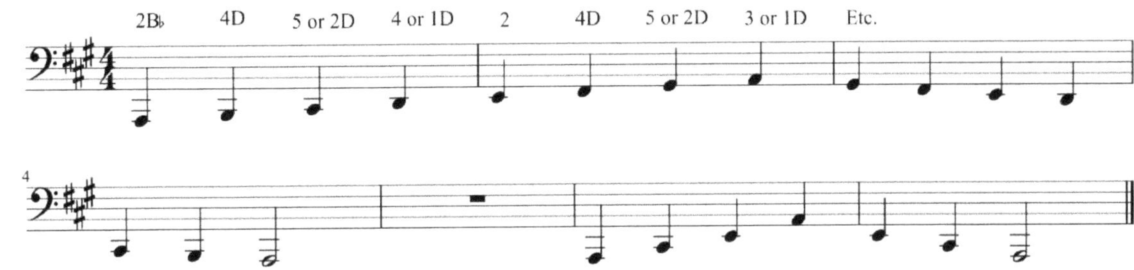

Escala de La♭ Mayor , *A♭ Major*, As-Dur

Escala de Sol Mayor , *G Major*, G-Dur

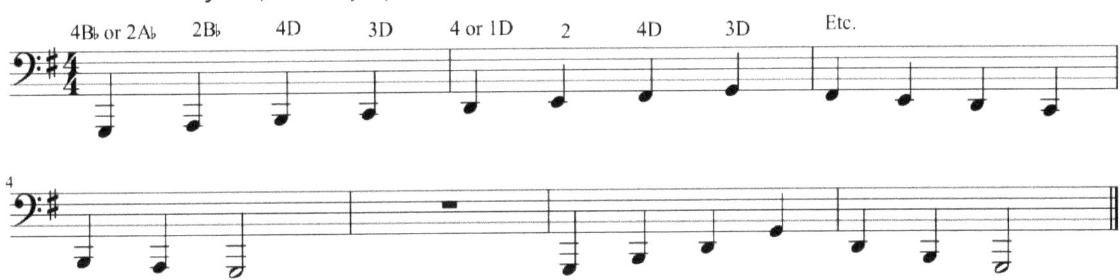

Escala de Sol♭ Mayor , *G♭ Major*, Ges-Dur

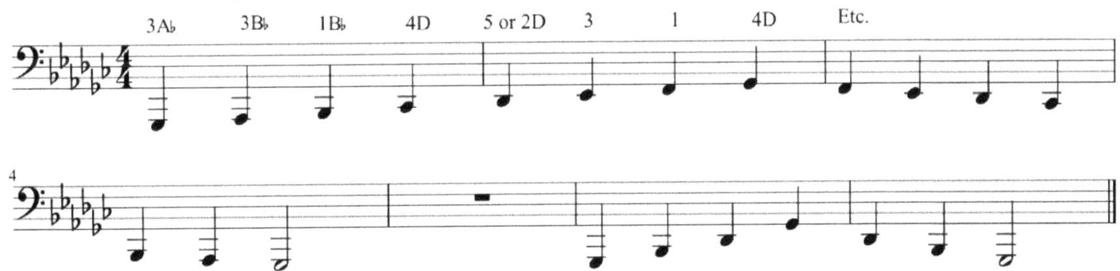

Escala de Fa Mayor , *F Major*, F-Dur

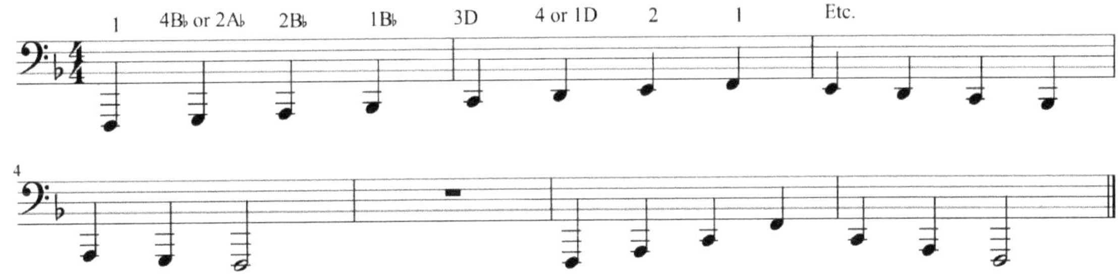

4.6.
Registro agudo del Trombón Contrabajo

Contrabass Trombone high register

Contrabassposaune, hohe Lage

A continuación se exponen diversas escalas con el registro agudo del trombón contrabajo. Igualmente se aconseja tocar con diferentes articulaciones y diferentes combinaciones rítmicas. El símbolo + colocado al lado del número de posición, indica que debe tocarse ligeramente más alta para rectificar su entonación.

Now we show different scales with the high register of the contrabass trombone. Also play with different articulations and different rythm combinations. The symbol + behind the number of some positions, means to play higher, just for to adjust the intonation.

Hier zeigen wir verschiedene Tonleitern und Dreiklangbrechnungen des hohen Registers der Contrabassposaune. Mit unterschiedlicher Artikulation und unterschiedlichen Rhythmik-Kombinationen zu spielen. Das Symbol + hinter einigen Positionsnummern gibt an, dass diese Töne höher gezogen werden, um die Intonation anzupassen.

Escala de Fa Mayor, *F Major*, F-Dur

Escala de Sol♭ Mayor , *G♭ Major*, Ges-Dur

Escala de Sol Mayor , *G Major*, G-Dur

Escala de La♭ Mayor , *A ♭ Major*, As-Dur

Escala de La Mayor , *A Major*, A-Dur

Escala de Si♭ Mayor , *B ♭ Major*, B-Dur

Escala de Si Mayor , *B Major*, H-Dur

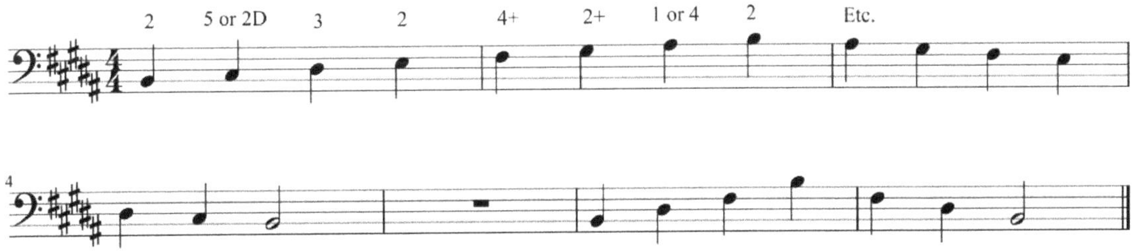

Escala de Do Mayor , *C Major*, C-Dur

Escala de Re♭ Mayor , D ♭ Major, Des-Dur
5 or 2D 3 2 4+ 2+ or 5 3 1 3
Etc.
4
Escala de Re Mayor , D Major, D-Dur
4 2 4+ 3+ 1 2 3 2
Etc.
4
Escala de Mi ♭ Mayor, E ♭ major, Es-Dur
3 1 3+ 2+ 3 1 2 3
Etc.
4
Escala de Mi Mayor , E Major, E-Dur
2 4+ 2+ 1 2 3 2 3
Etc.
4
Escala de Fa Mayor, F Major, F-Dur
1 3+ 1 3 1 2 2 1
Etc.
4

Escala de Sol♭ Mayor , G ♭ *Major*, **Ges-Dur**

Escala de Sol Mayor , G *Major*, **G-Dur**

3+ 1 2 1 2+ 2 2+ 1 Etc.

4

Escala de La♭ Mayor , A ♭ *Major*, **As-Dur**

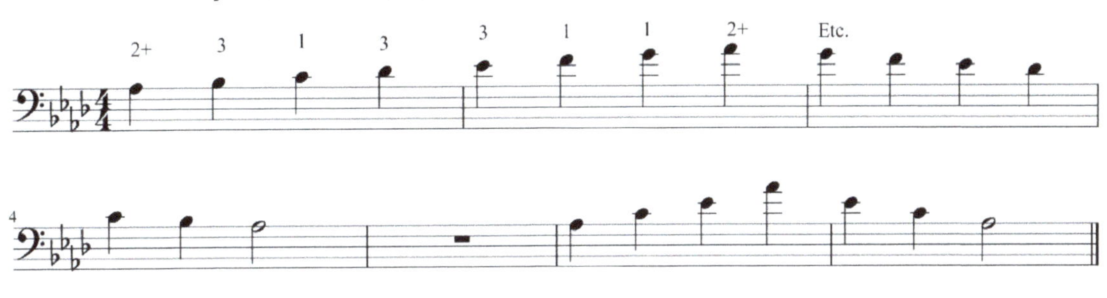

Javier Colomer and Ben van Dijk, Hesselberg (Germany) 2009

4.7.

Ejercicios de coordinación, agilidad y articulación. Tocar con diferentes dinámicas y articulaciones.

Exercices for coordination, agility and articulation. Play with different dynamics and articulations.

Übungen für Koordination, Beweglichkeit und Artikulation. Übe in unterschiedlicher Dynamik und Artikulation.

3D 2 4
1
3D
1D
2
1
4
4D 3 2D
2
4D
2D
3
2
2D
1B♭ 1D or 4 3D
3
1
3D
1D
3 4
1
2B♭ 2D 4D
4
2
4D
2D
4
2
3B♭ 3D 1B♭
2D
3
1

3D
2D
3
4B♭
4D
2B♭
3D
4 or 1D
2
4D
3D
1D or 4
3A♭
1B♭
1A♭ or 3B♭
4D
2D
3
1
4D
2D or 5
1
2B♭
2A♭
1B♭
3D
1D
2
4
1
3D

4.8.

Arpegios, *Arpeges* , Arpeggien

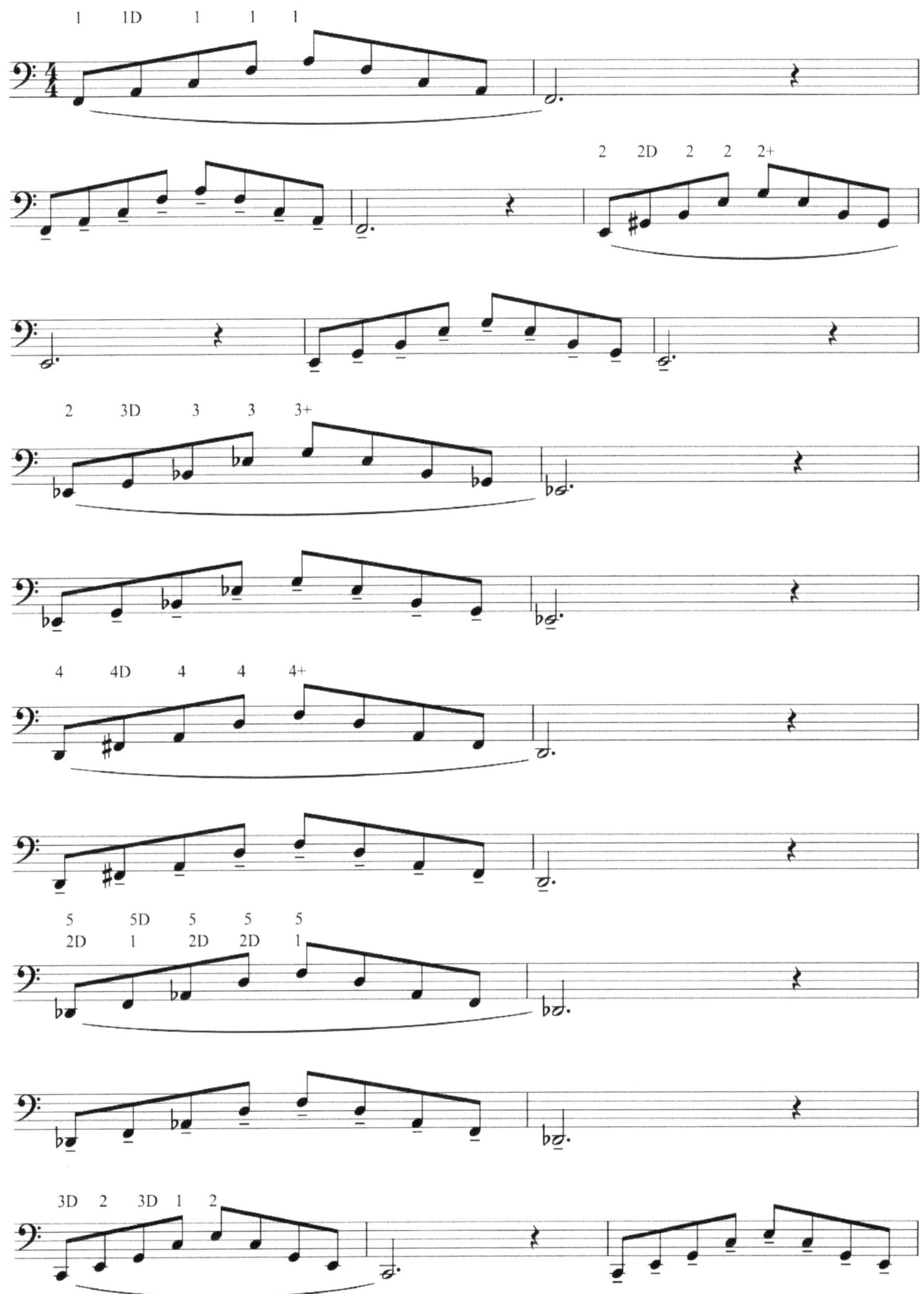

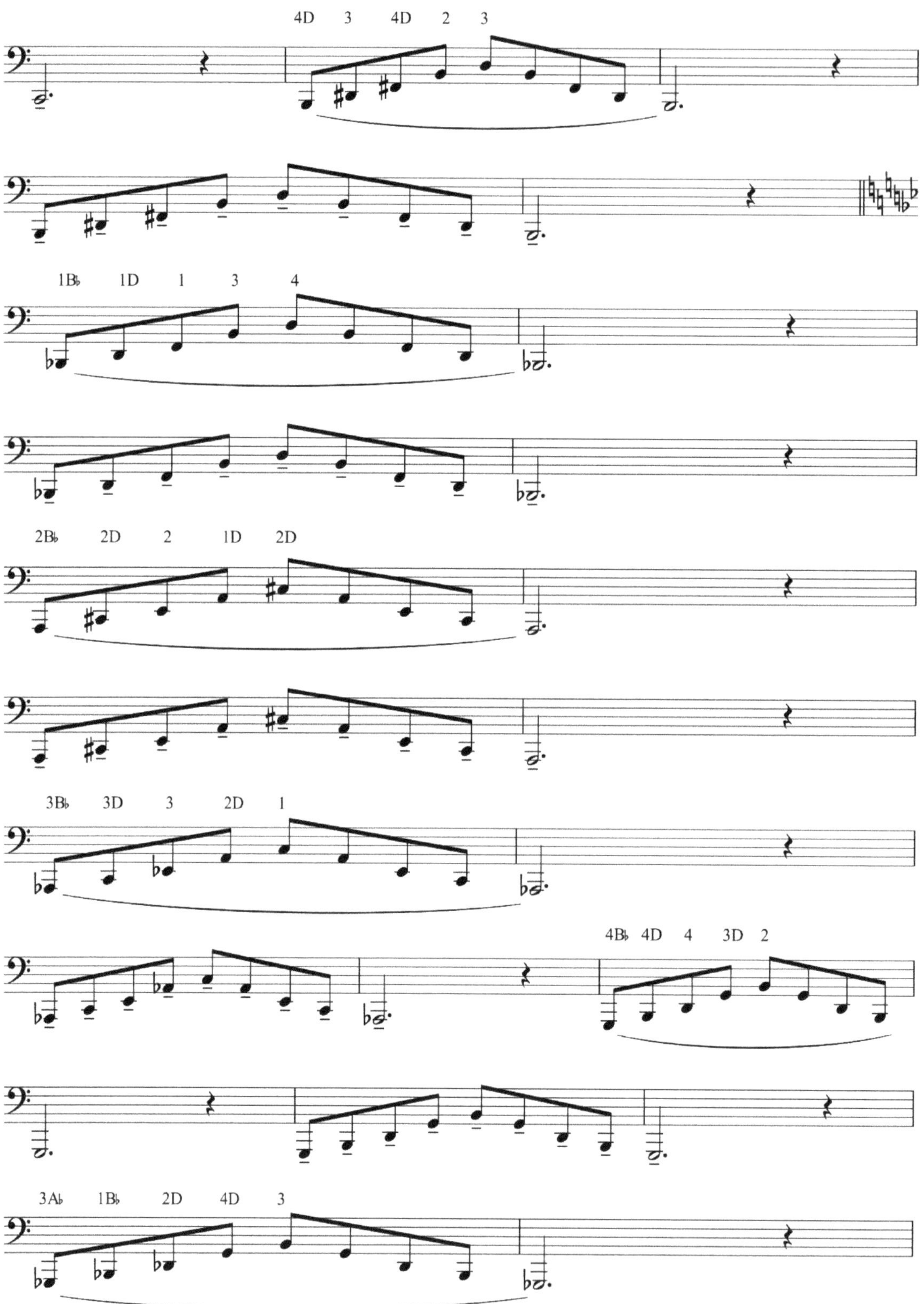
4D 3 4D 2 3
1B♭ 1D 1 3 4
2B♭ 2D 2 1D 2D
3B♭ 3D 3 2D 1
4B♭ 4D 4 3D 2
3A♭ 1B♭ 2D 4D 3

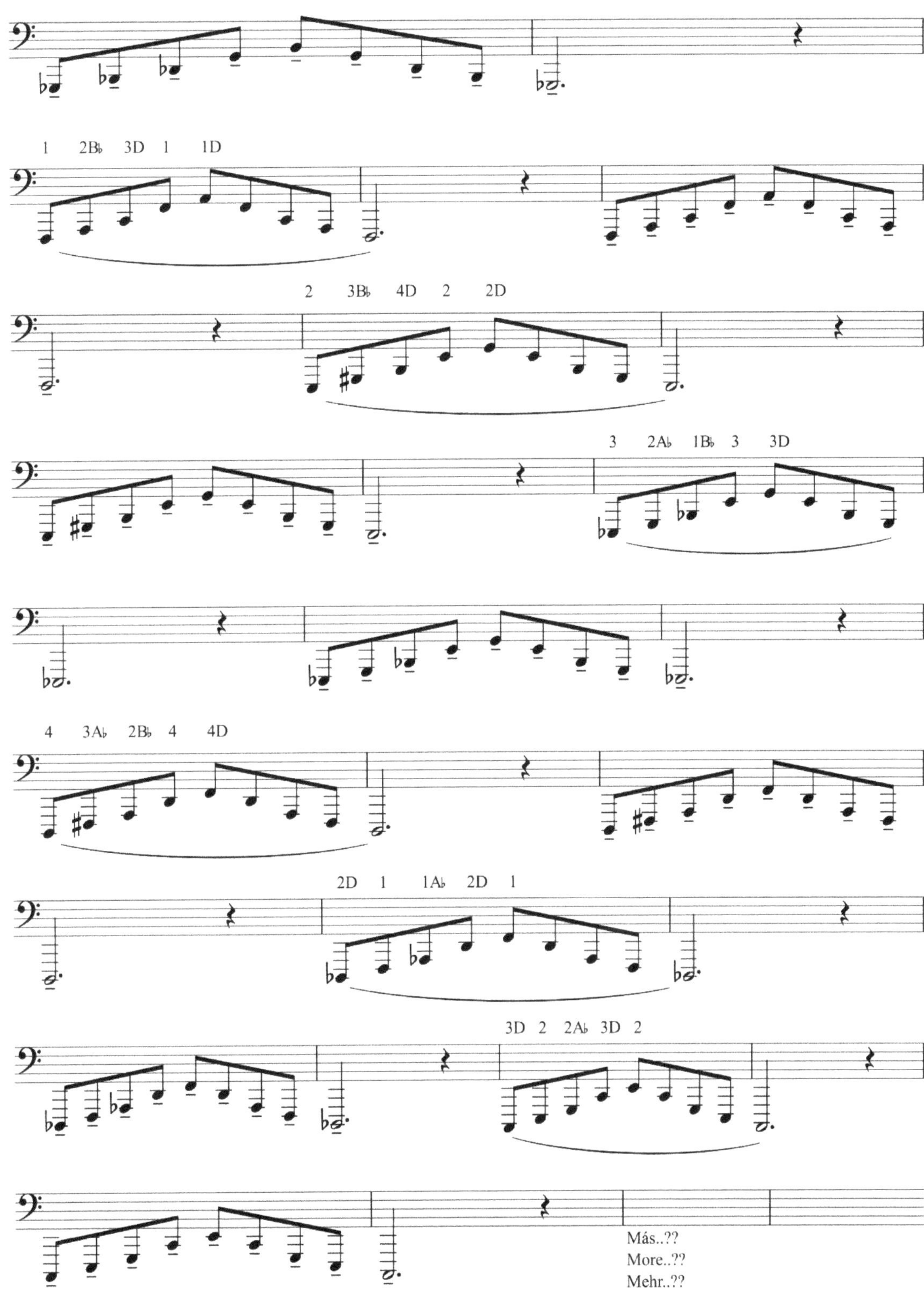
1 2B♭ 3D 1 1D
2 3B♭ 4D 2 2D
3 2A♭ 1B♭ 3 3D
4 3A♭ 2B♭ 4 4D
2D 1 1A♭ 2D 1
3D 2 2A♭ 3D 2
Más..??
More..??
Mehr..??

4.9.
Melodias para el trombón contrabajo

Contrabass Trombone melodys

Melodien für die Contrabassposaune

De mis primeros años de estudio con el trombón tenor, conservo muy buen recuerdo de uno de los primeros métodos de trombón que utilizé en aquella época. Este método se llama, Escuela Moderna para Trombón de varas de Miguel Badia. A continuación expongo dos ejemplos de unas bellas melodias adaptadas al trombón contrabajo:

In my early years as a student for tenor trombone, I have a nice memory of one of my beginner books, that I used in that time. This book is "Escuela Moderna para Trombón de varas de Miguel Badia" (Modern School for Slide Trombone by Miguel Badia). Now I show two good examples of beautyfull melodies, adapted for contrabass trombone:

Ich erinnere mich gerne an eine meiner Anfängerschulen ("Escuela Moderna para Trombón de varas de Miguel Badia" - (Moderne Schule für Zugposaune von Miguel Badia), nach der ich als junger Tenorposaunenschüler übte. Hier zwei Beispiele für schöne Melodien, für Contrabassposaune gesetzt:

Blue Bells of Scotland

Adeste Fideles

"Londonderry Air"

Foto:

Javier Colomer con la FOSJE (Fundación Orquesta Sinfónica Joven de Ecuador) Julio 2011, Quito, Ecuador.
Javier Colomer with FOSJE (Fundación Orquesta Sinfónica Joven de Ecuador) July 2011, Quito, Ecuador.
Javier Colomer mit FOSJE (Fundación Orquesta Sinfónica Joven de Ecuador) Juli 2011, Quito, Ecuador.

A Song for Japan

by Steven Verhelst

Melodia adaptada para trombón contrabajo por Javier Colomer

Melody adapted for contrabasstrombone by Javier Colomer

Die Melodie wurde für Contrabassposaune übertragen von Javier Colomer

Para los instrumentistas avanzados, según mi experiéncia se pueden llegar a interpretar muchas piezas con el trombón contrabajo. Si la tesitura es óptima se podrá interpretar directamente la pieza escogida (partes de tuba por ejemplo).

Un buen ejemplo para tocar directamente es Bordogni para Tuba o Trombón Bajo.

For advanced player, after my experience, we can play many pieces with contrabass trombone. If the testiture is good for our instrument, you can play directely the music (tuba parts for example).

A good exemple is to play directely many etudes from Bordogni book for Tuba or Bass Trombone.

Fortgeschrittene können nach meiner Erfahrung viele Stücke mit der Contrabassposaune spielen. Wenn die Lage gut für unser Instrument passt, kann man die Musik direkt abspielen (z.B. Tuba Stücke).

Ein gutes Beispiel sind viele direkt spielbare Etüden aus der Bordogni Schule für Tuba und Bassposaune.

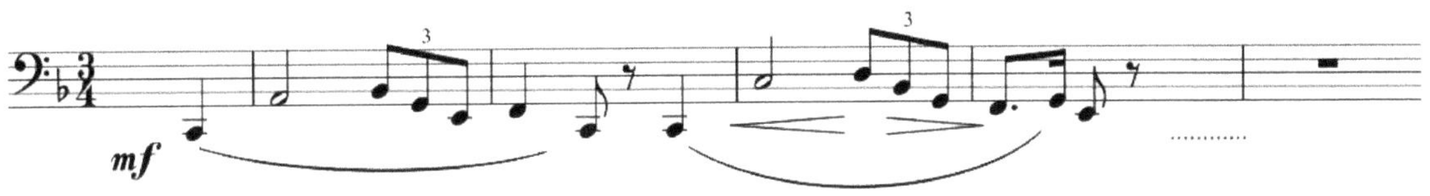

Music for Brass No. 281
Marco Bordogni, 43 Bel Canto Studies for TUBA (or Bass Trombone) Robert King Music published by Alphonse Leduc Editions Musicales

Cuando se trata de una pieza para trombón tenor u otro instrumento afín al trombón contrabajo, tenemos la opción de efectuar el transporte de intervalo de 4ª justa descendente con 8ª baja.
Ejemplo:
"Arban´s famous Method for Slide and Valve Trombone and Baritone"
Edited by Charles L. Randall and Simone Mantia.
Página 20, ejercicio 11.

When a piece for tenor trombone or a similar tenor instrument is transposed to the contrabass trombone, we can transpose the part a fourth interval descendent, but with down 8º.
Excample:
"Arban´s famous Method for Slide and Valve Trombone and Baritone"
Edited by Charles L. Randall and Simone Mantia.
Page 20, exercice 11.

Wenn man ein Stück für Tenorposaune, oder ein ähnliches Tenorinstrument für die Contrabassposaune spielen möchte, transponiert man das Stück eine Quarte tiefer und eine Oktave tiefer.
Beispiel:
"Arban´s berühmte Methode für Zug- und Ventilposaune und Bariton".
Herausgegeben von Charles L. Randall und Simone Mantia
Seite 20, Übung 11

Realizar fragmento transportando el intervalo a 4ª justa descendente pero realizarlo con 8ª baja.

Play the next excerpt with 4th interval down, like in tenor clef, but one octave down.

Spiele die nächste Übung eine Quarte tiefer, aber wie im Tenorschlüssel, aber eine Oktave tiefer.

Resultado para el trombón contrabajo:

This is the result for contrabass trombone:

So sieht die Transposition für Contrabassposaune aus:

4.10.
Tabla cromática / *Chromatic scale* / **Chromatische Tonleiter**

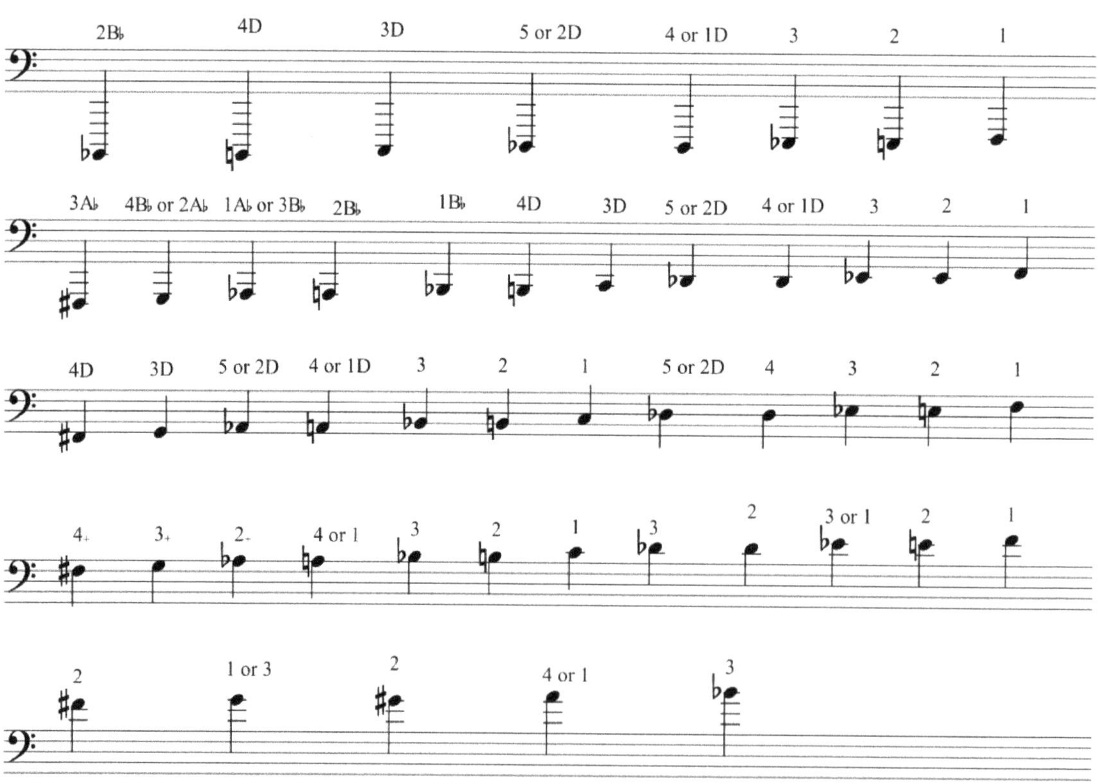

5.
Configuración Alemana tradicional/Configuración "Americana"

Traditional German valve configuration/"American"valve configuration tuning chart

Traditionelle Deutsche Ventilkombination / "Amerikanische" Ventilkombination

5.1.
Trombón Contrabajo con las válvulas en configuración Alemana tradicional:

Contrabass Trombone. traditional German valve configuration:

Traditionelle Deutsche Ventilkombination:

1ªVálvula-Re (D)/1st valve-D/1.Ventil-D

2ª Válvula-Sib (B♭) /2nd Valve –BB (B♭) / 2. Ventil -B (B♭)

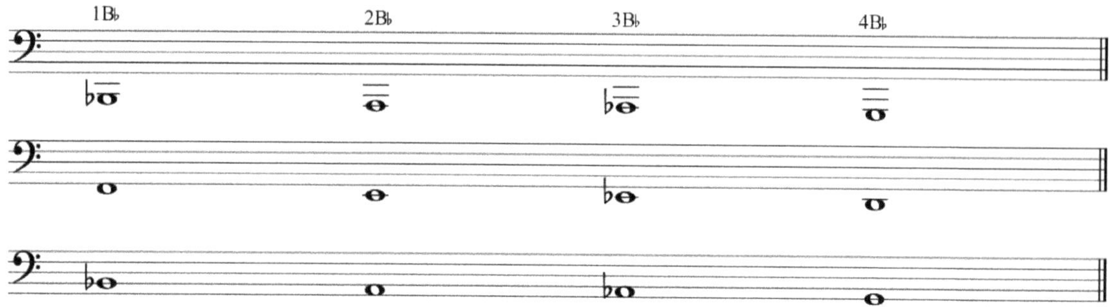

1ª&2ª Válvula Lab (A♭)/1st &2nd Valves Ab/1.und2. Ventil -As (A♭)

5.2.

"Configuración Americana":
"American valve configuration":
"Amerikanische Ventilkonfiguration":

En el presente libro llamaremos "Configuración Americana", al uso de las válvulas del trombón contrabajo que se le da en los Estados Unidos y en algunos paises Europeos. Las posiciones y armónicos sin accionar ninguna válvula, seguirán siendo las mismas en todos los trombones contrabajo. Igualmente se encontrarán más configuraciones según fabricantes y según las preferencias de algunos trombonistas.
La configuración americana utiliza la primera válvula como fundamental el DO (C) , en la segunda válvula como fundamental el Re♭ (D♭) y la primera y segunda válvulas juntas como fundamental el Si♭ (B♭).

In this book we use the expression " American valve configuration" for the configuration of the contrabass trombone valves which are popular in USA and in some European countries. The positions and partials of the instrument without use of valves are the same in all the contrabass trombones. Depending on manufacturers and the preferences of various trombone players you can find more configurations.
The "American valve configuration" uses the 1st valve as fundamental C , in the 2nd valve as fundamental D♭ and the 1st and 2nd valves together as fundamental B♭.

In diesem Buch benutzen wir den Ausdruck "Amerikanische Ventilkonfiguration" für die Ventilkonfiguration, die in den USA und einigen europäischen Ländern verbreitet ist. Die Positionen und Teiltöne des Instruments ohne Ventilbetätigung bleiben die gleichen, wie bei allen Contrabassposaunen. Abhängig von Herstellern und Vorlieben verschiedener Spieler finden sich noch andere Konfigurationen.

Bei der "Amerikanischen Ventilkonfiguration" ist das erste Ventil ein Tief C-Ventil und das zweite Ventil ein Tief Des-Ventil; das erste und zweite Ventil zusammen ergeben Tief B.

1ª Válvula , Tonalidad Do

En esta tabla se muestran los armónicos que se producen con la 1ª válvula. En esta tabla se mostrarán las posiciones de la siguiente manera:
1C, 2C, 3C, 4C, 5C. La C corresponde a Do en la nomenclatura inglesa. Estas posiciones están ligeramente más bajas que las posiciones del tono de Fa. El símbolo + colocado encima de algunas notas indica que dicha posición se tocará ligeramente más altas para rectificar su entonación.

First valve in C

In this chart you can see the partials played in the 1st valve. In this chart you will see the positions in the following way:
1C, 2C, 3C, 4C, 5C. These positions are subtly lower than the positions in F tone. The + symbol over some notes indicates that you should play slightly higher to correct its intonation.

1. Ventil-Bedienung, C-Ventil

In dieser Serie sieht man die Töne, die mit dem 1. Ventil gespielt werden.
Man sieht die Positionen an den folgenden Plätzen:
1C, 2C, 3C, 4C, 5C. Diese Positionen sind leicht tiefer zu ziehen als die Positionen in F.
Das + Symbol über einigen Noten zeigt an, dass man diese Töne leicht höher ziehen sollte, damit sie korrekt stimmen.

Trombón Contrabajo configuración "Americana"

Contrabass Trombone "American" valve configuration

"Amerikanische" Ventilkonfiguration

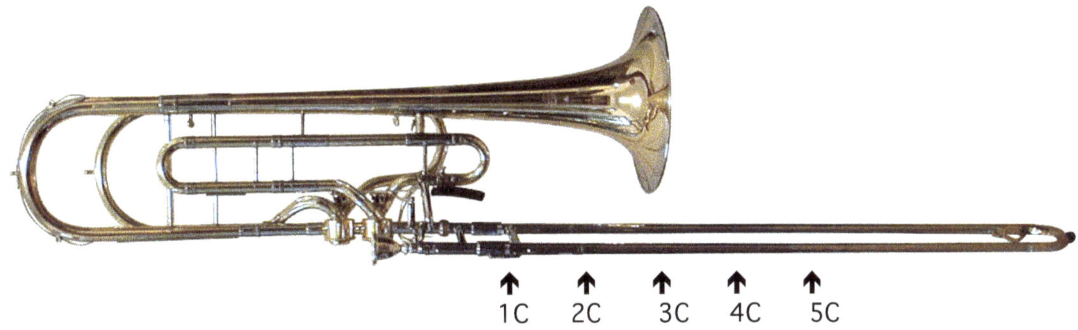

1ªVálvula-Do (C)/1st Valve-C/ 1. Ventil-C

2ª Válvula Re b

En la siguiente tabla, se muestran las notas que se tocan habitualmente con la 2ª válvula del trombón contrabajo. En esta tabla se mostrarán las posiciones de la siguiente manera:
1D♭, 2D♭, 3D♭, 4D♭. Estas posiciones están dispuestas ligeramente más bajas que las de la 1ª válvula (C).

Second valve in Db

In the following chart, you can see the partials, that are usually played in the Db-valve of the Contrabass Trombone. In this chart you will see the positions in the following way:
1D♭, 2D♭, 3D♭, 4D♭. *These positions are subtly lower than the positions in C valve.*

2. Ventil in D♭

Die folgende Übersicht zeigt die Töne, die normalerweise mit dem D♭-Ventil der Contrabassposaune gespielt werden. Die Positionen sind folgendermaßen bezeichnet:
1D♭, 2D♭, 3D♭, 4D♭. Diese Positionen sind leicht tiefer zu ziehen als die Positionen mit dem C-Ventil. In weiteren Übungen werden die restlichen Skalen geübt.

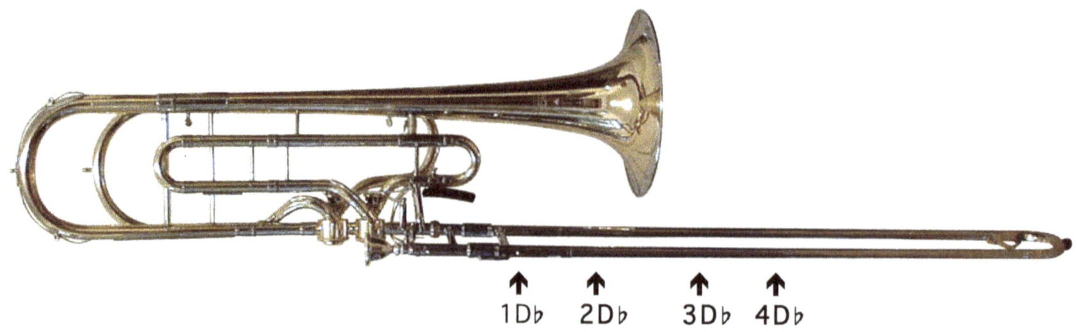

2ª Válvula-Reb (D♭) /2nd Valve-Db/2. Ventil -Des (D♭)

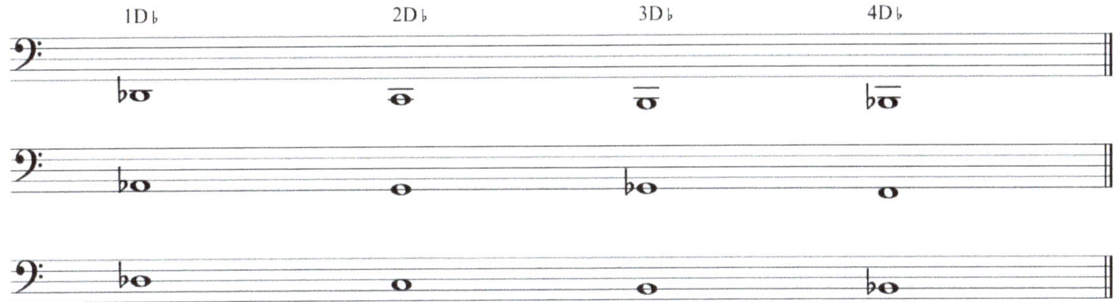

1ª y 2ª válvulas Sib (Grave)

La siguiente tabla, muestra los armónicos que se tocan habitualmente con la 1° y 2ª válvula del trombón contrabajo. En ella se mostrarán las posiciones de la siguiente manera:
1B♭, 2B♭, 3B♭, 4B♭. Estas posiciones están dispuestas ligeramente más bajas que las de la 2ª válvula (D♭).

First and Second valves BBb

In the following chart, you can see the partials that are usually played in the first and second valve of the Contrabass Trombone. In this chart you will see the positions in the following way:
1B♭, 2B♭, 3B♭, 4B♭. *These positions are subtly lower than the positions in D♭ valve.*

2. und 2. Ventil = Kontra B

Die folgende Übersicht zeigt die Töne, die normalerweise mit dem 1. und 2. Ventil der Contrabassposaune gespielt werden. Die Positionen sind folgendermaßen bezeichnet:
1B♭, 2B♭, 3B♭, 4B♭. Diese Positionen sind leicht tiefer zu ziehen als die Positionen mit dem D♭-Ventil. In weiteren Übungen werden die restlichen Skalen geübt.

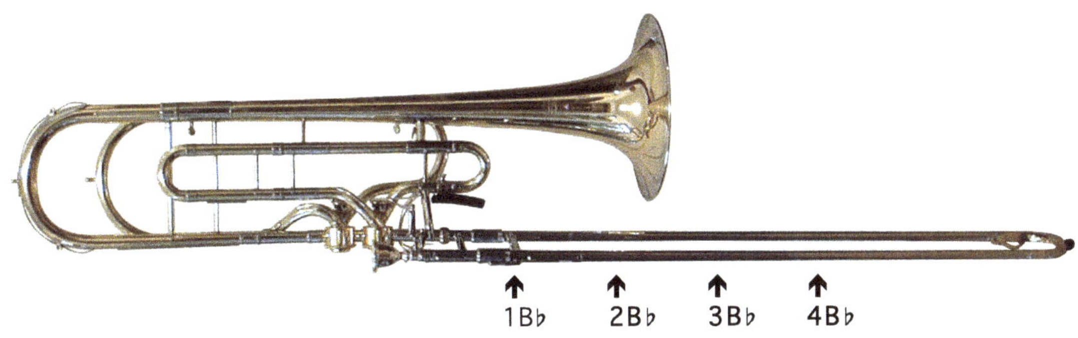

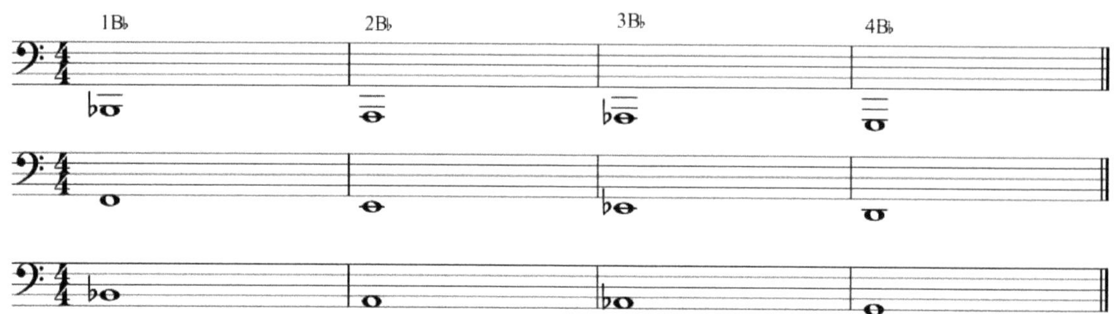

5.3.
Ejercicios / *Exercices* / Übungen

Ejercicio 1°, 1st Exercice, 1. Übung

Ejercicio 2°, 2nd Exercice, 2. Übung

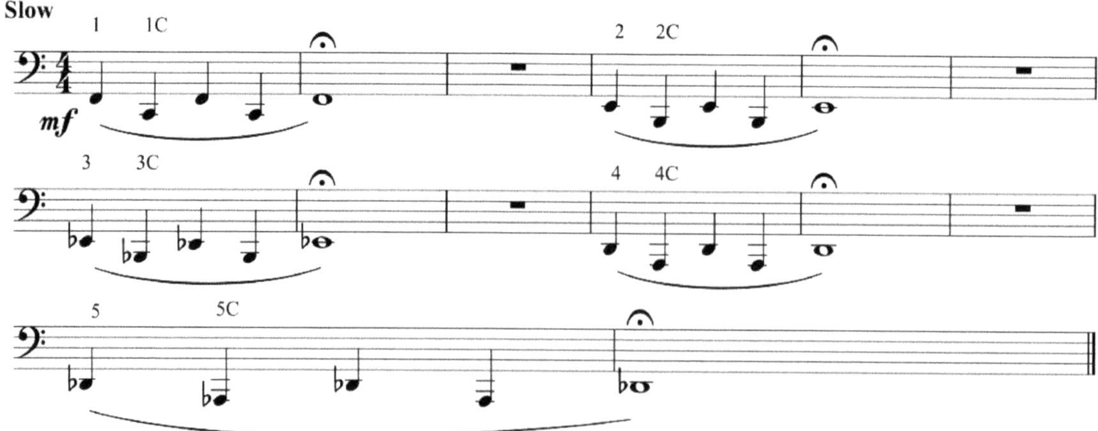

Ejercicio 3°, 3rd Exercice, 3. Übung

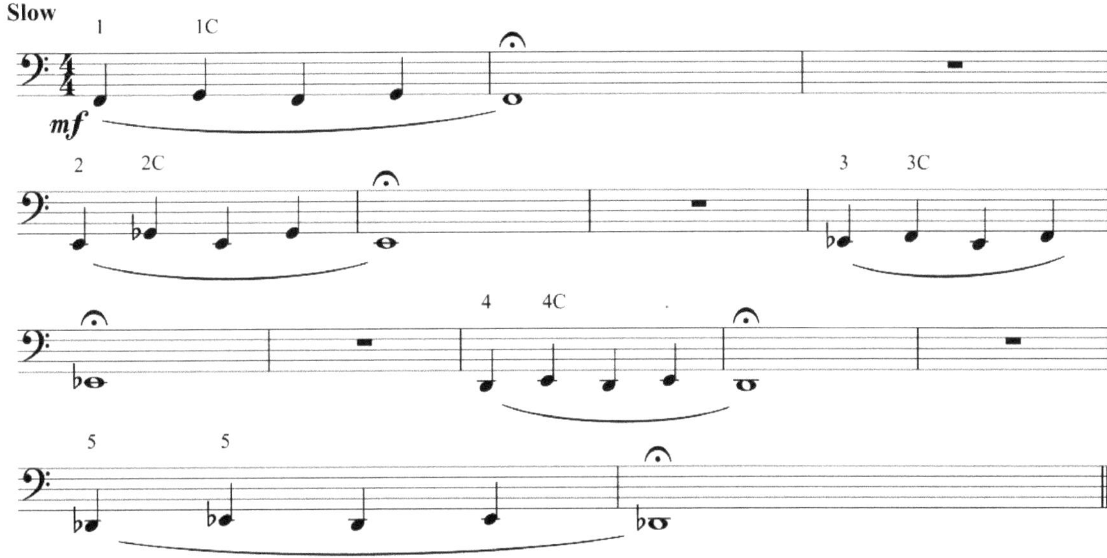

Ejercicio 4°, 4th Exercice, 4. Übung

Ejercicio 5°, 5th Exercice, 5. Übung

6.
¿Por qué la mayoría de los Trombones Contrabajo modernos sólo tienen cinco posiciones?
Why have most of the modern Contrabass Trombones only five slide positions?
Warum haben die meisten modernen Contrabassposaunen nur fünf Zug-Positionen?

Las dimensiones del Trombón Tenor son equivalentes al tamaño del cuerpo humano. Las dimensiones del Trombón Bajo moderno son las mismas, pero con las dos válvulas se llega al registro grave muy fácilmente.
Las dimensiones del Trombón Contrabajo moderno en Fa, están relacionadas con el Sacabuche bajo en Fa. Para tocar las posiciones 6ª y 7ª se necesita el alargador con tal de poder llegar a esas posiciones porque el brazo del instrumentista no es suficientemente largo.

The dimensions of the tenor trombone are equivalent to the human body size. The dimensions of the modern bass trombone are the same as the tenor trombone, but with the two valves attachments it is easier to cover the low register.
The dimensions of the modern Contrabass Trombone in F are related to the Bass Sacbut in F. In order to play the 6th and 7th positions, we need a handle because the arm of the player is not long enough.

Die Größe der Tenorposaune passt ideal zur Größe des menschlichen Körpers. Die Größe der modernen Bassposaune entspricht der Größendimension der Tenorposaune. Durch das Hinzufügen von 2 Ventilen wird der Bassbereich abgedeckt.
Die Dimension der modernen Contrabassposaune geht zurück auf die F-Barock-Bassposaune.
Um die 6. und 7. Position spielen zu können, braucht man einen Schwengel, denn die natürliche Armlänge reicht nicht aus.

Foto:

Trombón Contrabajo THEIN y Sacabuche Bajo en Fa THEIN.
THEIN Contrabass Trombone and THEIN F Bass Sacbut THEIN.
THEIN Contrabassposaune und THEIN F Bass Barockposaune.

Algunos Trombonistas actuales como Kjell Erik Husom, de la Orquesta Filarmónica de Bergen en Noruega, sigue usando las 7 posiciones originales de la vara gracias al alargador tal y como se hacía con el Sacabuche en Fa.

Some modern players like Kjell Erik Husom, Bergen Philharmonic Orchestra, Norway, uses the 7 positions slide with handle, likewise he uses a handle, when playing Sacbut in F (Baroque-Basstrombone).

Einige moderne Musiker, wie z. B. Kjell Erik Husom vom Bergen Philharmonic Orchester in Norwegen, spielen mit einem 7- Positionen Zug mit Schwengel, ähnlich dem Spielen der F-Barockbassposaune mit Schwengel.

Foto:

Kjell Erik Husom Trombón Bajo y Contrabajo de la Orquesta Filarmónica de Bergen en Noruega.
Kjell Erik Husom Bass and Contrabass trombonist, Bergen Philharmonic Orchestra, Norway.
Kjell Erik Husom, Bass- und Contrabassposaunist, Bergen Philharmonic Orchestra, Norwegen.

Debido a la dificultad de llegar a las posiciones más lejanas, el Trombón Contrabajo moderno ha incorporado las dos válvulas independientes para evitar el uso del alargador de la vara.
El manejo del alargador de la vara necesita una técnica bastante depurada para su uso, es por eso que la mayoría de los trombonistas deciden usar la técnica moderna del actual trombón contrabajo con la utilización de la doble válvula.
Con la ayuda de las válvulas se tiene la posibilidad de llegar a todo el registro grave del instrumento y tiene muchas posibilidades de combinación con la vara comparables al Trombón Bajo Moderno.
La gran mayoría de los Trombonistas Contrabajo actuales han adaptado su técnica para usar únicamente 5 posiciones.

Due to the difficulty to reach the 6th and 7th position, the modern Contrabass Trombone has added two independent valves (in line). This avoids the use of a handle.
In order to play with the handle, the player needs a special skill, which is the reason why players mostly decide to play the modern contrabass trombone with the help of the two valves.
With the help of the two valves attachments, players can cover the complete low register and have many other alternative slide position possibilities, comparable to the modern Bass Trombone.
Most of the modern Contrabass Trombone players adapted this technique to use only 5 positions.

Wegen der Schwierigkeit, die 6. und 7. Position einfach zu erreichen, hat man die moderne Contrabassposaune mit 2 unabhängigen Ventilen ausgestattet.
Das macht das Spielen mit einem Schwengel überflüssig.
Das Spielen mit Schwengel bedarf besonderer Übung und Fertigkeit. Deshalb bevorzugen die Spieler den Gebrauch der Ventile.
Dank der 2 Ventile kann der gesamte tiefe Bereich abgedeckt werden und zusätzlich ergeben sich viele alternative Zugpositionen.
Das sind die Gründe, weshalb die meisten modernen Contrabassposaunisten sich auf den
5-Positionen Zug eingestellt haben.

Foto:

Javier Colomer con su Trombón Contrabajo THEIN, mostrando la extensión completa de la vara con el brazo totalmente extendido hasta la 5ª posición.

Javier Colomer with his THEIN Contrabass Trombone, showing totally stretched arm and reaching 5th position.

Javier Colomer mit seiner THEIN Contrabassposaune. Mit dem ausgestreckten Arm erreicht er die 5. Position.

7.
Mi sistema de respiración para tocar el Trombón Contrabajo
My Breathing System to play Contrabass Trombone
Meine Atemübungen für das Contrabassposaunenspiel

Para poder tocar el Trombón Contrabajo con comodidad, se necesita ejercitar una disciplina respiratoria efectiva. Todos conocemos los ejercicios del famoso tubista Arnold Jacobs, quien inspiró a muchísimos músicos que hoy en día son excelentes instrumentistas.
Después de muchos años tocando el Trombón (Alto, Tenor y Bajo) y después de haber estudiado diferentes tratados de respiración, diferentes ejercicios de unos y de otros, he llegado a la conclusión de crear mis propios ejercicios.
Los siguientes ejercicios son el resultado de 30 años de experiencia, pero realizando un gran resumen de todo lo aprendido y así mismo con una perspectiva muy clara en mi mente y sobre todo pensando en la realización de los mismos de la forma más fácil posible.
Antes de empezar a realizar los ejercicios, hay que estar muy relajado físicamente para realizarlos cómodamente.
Normalmente suelo realizar pequeños ejercicios de estiramiento en los brazos y muñecas también suelo tornear la cintura para percibir mi buen estado físico día a día.
No hay que olvidar mover el cuello en varias direcciones para igualmente comprobar el estado de las cervicales.

Primer ejercicio:
Es muy importante en este momento no pensar que se va a tocar el Trombón..!!
Sólo respirar
Adoptar una posición correcta (de pie) sin tensionar ninguna parte del cuerpo y mirando a un punto fijo en la pared o simplemente mirar al frente.
Respirar profundamente por la ***nariz*** poco a poco a medida que se levantan los brazos.
Expulsar el aire por la **boca** libremente mientras se bajan los brazos. Realizar este ejercicio al menos 3 veces (hacerlo más veces no es ningún problema) y en todo momento hay que sentir el relax en el cuerpo y sin ningún tempo metronómico predeterminado.

Segundo ejercicio:
Respirar profundamente por la ***boca*** poco a poco a medida que se levantan los brazos.
Expulsar el aire por la boca libremente mientras se bajan los brazos. Realizar este ejercicio al menos 3 veces (hacerlo más veces no es ningún problema) y en todo momento hay que sentir el relax en el cuerpo y sin ningún tempo metronómico predeterminado.

Tercer ejercicio:
Manteniendo la posición anterior del cuerpo, ahora sí vamos a pensar que vamos a tocar el Trombón y necesitaremos estar relajados igualmente.
Nos fijaremos una velocidad de tempo metronómico a 60.
En 4 tempos respiramos por la boca y 4 tempos expulsamos por la boca, pero conectadas las dos acciones sin que existan cortes, repetir 3 veces.
Pausa
En 6 tempos respiramos por la boca y 6 tempos expulsamos por la boca, pero conectadas las dos acciones sin que existan cortes, repetir 3 veces.
Pausa

En 8 tempos respiramos por la boca y 8 tempos expulsamos por la boca, pero conectadas las dos acciones sin que existan cortes, repetir 3 veces.
Pausa

Cuarto ejercicio:
Respirar en 1 tempo por la boca y expulsamos en 4 por la boca, esperamos 3 tempos y tomamos de nuevo aire en 1 tempo para repetir hasta 3 veces.
Respirar en 1 tempo por la boca y expulsamos en 6 por la boca, esperamos 3 tempos y tomamos de nuevo aire en 1 tempo para repetir hasta 3 veces.
Respirar en 1 tempo por la boca y expulsamos en 8 por la boca, esperamos 3 tempos y tomamos de nuevo aire en 1 tempo para repetir hasta 3 veces.
Respirar en 1 tempo por la boca y expulsamos en 10 por la boca, esperamos 3 tempos y tomamos de nuevo aire en 1 tempo para repetir hasta 3 veces.

Quinto ejercicio:
Soplar dentro del instrumento varias veces, incluso accionando las válvulas y extendiendo la vara en diferentes lugares si se desea. De igual modo, se pueden repetir los ejercicios anteriores con el instrumento o la boquilla.
El objetivo de estos ejercicios es conocer nuestro aparato respiratorio, llegar a un buen estado de relajación y oxigenar nuestros pulmones.
La recomendación es que esta serie de ejercicios se practique diariamente tanto para el Trombón Contrabajo como para el Trombón Bajo.
La duración de esta serie de ejercicios está prevista de entre 5 a 10 minutos máximo.

In order to play the Contrabass Trombone comfortably, we need training and an effective breathing discipline. We all know the exercises of the famous tuba player Arnold Jacobs, who inspired many musicians who are excellent players today.
After many years playing all types of trombone (Alto, Tenor and Bass), studying different breathing techniques, different exercises of one and all, I decided to create my own exercises.
These exercises are the result of 30 years of experience, but summarizing everything I learnt. With that clear oversight in my mind, my plan is to present it in a very understandable method.
Before starting doing these exercises, we should be physically relaxed to practice those exercises as easy as possible.
I usually practice some stretching exercises of my arms and wrists. I also turn around my waist in order to figure out my daily physical condition.
We cannot forget to rotate the neck in all directions to check the well condition of your cervical spine.
First exercise:
In this moment it is highly important not to think that you are going to play the trombone....!!
Just breathe
Stand in a correct body position and relax all the muscles of your body; look at one point on the wall or simply look straight ahead.
Breathe in very deeply through your **nose** *as you slowly raise both arms over your head. Breathe out the air through your* **mouth** *very freely as you lower your arms. Repeat this exercise at least 3 times (do it more times if you wish) and during this exercise you should feel that your body relaxes. Don´t use the metronome for now.*

Second exercise:
Breathe in very deeply through your **mouth** *as you slowly rise your both arms over your head. Breathe out through your* **mouth** *very freely as you lower your arms. Repeat this exercise at least 3*

times (do it more times if you wish) and during this exercise you should feel your body relaxes. Don´t use the metronome for now.

Third exercise:

Keep your body in the same position. Now, it is time to think that we are going to play the trombone and we will need to be relaxed as well.

Fix the metronome at 60.

Breathe in through your mouth for 4 beats and then breathe out through the mouth for 4 beats. Both actions should be connected without breaks between them. Repeat 3 times.

Short break

Breathe in through your mouth for 6 beats and then breathe out through the mouth for 6 beats. Both actions should be connected without breaks between them. Repeat 3 times.

Short break

Breathe in through the mouth for 8 beats and then breathe out through the mouth for 8 beats. Both actions should be connected without breaks between them. Repeat 3 times.

Short break

Forth exercise:

Breathe in through your mouth for 1 beat and breathe out through the mouth for 4 beats, then we wait 3 empty beats and repeat this exercise up to 3 times. Breathe in through your mouth for 1 beat and breathe out through the mouth for 6 beats, then we count 3 empty beats and repeat this exercise up to 3 times.

Breathe in through your mouth for 1 beat and breathe out through the mouth for 8 beats, then we wait 3 empty beats and repeat this exercise up to 3 times.

Breathe in through your mouth for 1 beat and breathe out through the mouth for 10 beats, then we wait 3 empty beats and repeat this exercise up to 3 times.

Fifth exercise:

Blow into the instrument several times, even turning the valves and moving the slide to different positions. Besides, you can repeat the third and forth exercises either with mouthpiece or instrument.

The aim of these exercises is to get in contact with your breathing system, to reach a good level of relaxation and to oxygenate your lungs.

I recommend practicing all exercises daily both for Contrabass Trombone and Bass Trombone.

The intended duration of this series of exercises is a maximum of between 5 and 10 minutes.

Um die Contrabassposaune gut spielen zu können, bedarf es Übung und einer starken und bewussten Atmung.

Nachdem ich viele Jahre lang alle Posaunentypen (Alt, Tenor und Bass) gespielt habe, unterschiedliche Atem-Methoden studiert und verschiedenste Übungen geblasen habe, habe ich beschlossen, mein eigenes System zu entwickeln.

Die Übungen beruhen auf 30 Jahren Bläsererfahrung und sind gespeist von allem, was ich lernen durfte.

Mit dieser klaren Übersicht im Kopf möchte ich meine leicht verständliche Methode darstellen.

Bevor wir mit den Übungen beginnen, muss der Körper entspannt sein, damit wir uns beim Üben angenehm fühlen.

Normalerweise beginne ich mit kleinen Übungen, indem ich meinen Körper bewege, meine Arme strecke, meine Handgelenke drehe und meine Hüften kreisen lasse. Das mache ich, um täglich erneut meinen Körper zu fühlen.

Auch ist nicht zu vergessen, den Hals und Nacken in viele Richtungen zu bewegen, um zu fühlen, wie es um die Muskeln in diesem Bereich steht.

1. **Übung:**

Für diese Übung ist es sehr wichtig, dass man nicht ans Posaunespielen denkt...!!
Man nehme eine aufrechte Körperhaltung ein, ohne irgendwelche Spannungen im Körper, und blicke auf einen Punkt auf der gegenüberliegenden Wand oder blicke einfach nur geradeaus.
Langsam und sehr tief durch die **Nase** einatmen und gleichzeitig beide Arme gestreckt bis über den Kopf heben.
Ganz locker durch den **Mund** ausatmen und die Arme dabei senken.
3 x wiederholen (öfter ist kein Problem) und bei der Übung sich völlig entspannt fühlen und kein Metronom benutzen.

2. **Übung:**

Für diese Übung ist es sehr wichtig, dass man nicht ans Posaunespielen denkt...!!
Man nehme eine aufrechte Körperhaltung ein, ohne irgendwelche Spannungen im Körper, und blicke auf einen Punkt auf der gegenüberliegenden Wand oder blicke einfach nur geradeaus.
Langsam und sehr tief durch die **Mund** einatmen und gleichzeitig beide Arme gestreckt bis über den Kopf heben.
Ganz locker durch den **Mund** ausatmen und die Arme dabei senken.
3 x wiederholen (öfter ist kein Problem) und bei der Übung sich völlig entspannt fühlen und kein Metronom benutzen.

3. **Übung**

Die aufrechte Körperhaltung beibehalten, aber jetzt sich vorstellen, dass wir Posaune spielen. Entspannt bleiben!
Das Metronom auf 60 Schläge einstellen.
4 Schläge lang durch dem **Mund** einatmen, dann 4 Schläge lang durch den **Mund** ausatmen.
Ein- und ausatmen ohne Unterbrechung.
3 x wiederholen.

Kurze Unterbrechung

Die aufrechte Körperhaltung beibehalten, aber jetzt sich vorstellen, dass wir Posaune spielen. Entspannt bleiben!
Das Metronom auf 60 Schläge einstellen.
6 Schläge lang durch dem **Mund** einatmen, dann 6 Schläge lang durch den **Mund** ausatmen.
Ein- und Ausatmen ohne Unterbrechung.
3 x wiederholen.

Kurze Unterbrechung

Die aufrechte Körperhaltung beibehalten, aber jetzt sich vorstellen, dass wir Posaune spielen. Entspannt bleiben!
Das Metronom auf 60 Schläge einstellen.
8 Schläge lang durch dem **Mund** einatmen, dann 8 Schläge lang durch den **Mund** ausatmen.

Ein- und Ausatmen ohne Unterbrechung.
3 x wiederholen.

Kurze Unterbrechung

4. **Übung**
Während eines Schlages durch den Mund einatmen und während 4 Schlägen durch den Mund ausatmen. Dann 3 Schläge nichts und wieder: während eines Schlages durch den Mund einatmen etc.
3 x wiederholen.

Während eines Schlages durch den Mund einatmen und während 6 Schlägen durch den Mund ausatmen. Dann 3 Schläge nichts und wieder: während eines Schlages durch den Mund einatmen etc.
3 x wiederholen.

Während eines Schlages durch den Mund einatmen und während 8 Schlägen durch den Mund ausatmen. Dann 3 Schläge nichts und wieder: während eines Schlages durch den Mund einatmen etc.
3 x wiederholen.

Während eines Schlages durch den Mund einatmen und während 10 Schlägen durch den Mund ausatmen. Dann 3 Schläge nichts und wieder: während eines Schlages durch den Mund einatmen etc.
3 x wiederholen.

5. **Übung**

Mehrmals durch das Instrument hindurchblasen, dabei auch die Ventile bedienen und verschiedene Zugpositionen ziehen.
Man kann die Übungen 3 und 4 auch wiederholen, nur mit dem Mundstück und/oder dem ganzen Instrument.
Das Ziel dieser Übungen ist, mit seinem Atemapparat in Kontakt zu kommen, ein lockeres Gefühl zu bekommen und die Lungen mit Sauerstoff zu versorgen.
Ich empfehle alle Übungen täglich, sowohl mit der Contrabass- als auch mit der Bassposaune zu spielen.

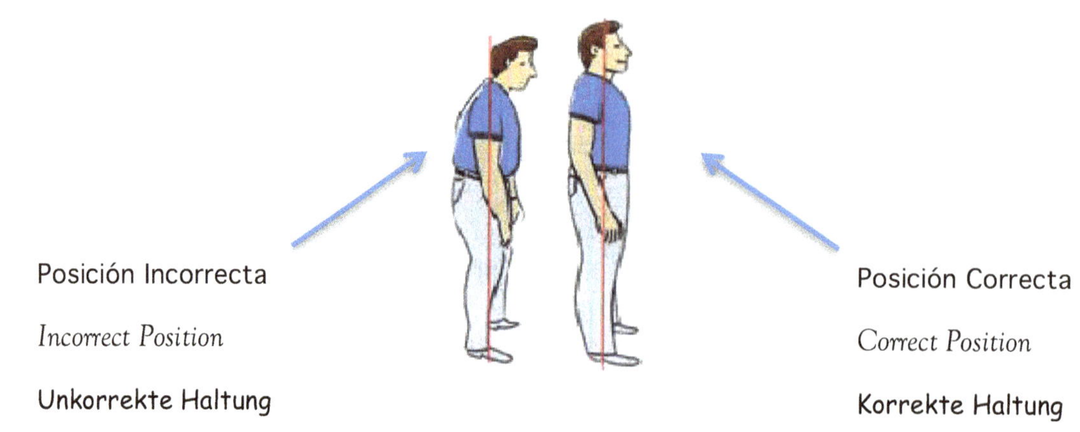

Tercer Ejercicio / Third exrcice/ 3. <u>**Übung**</u>

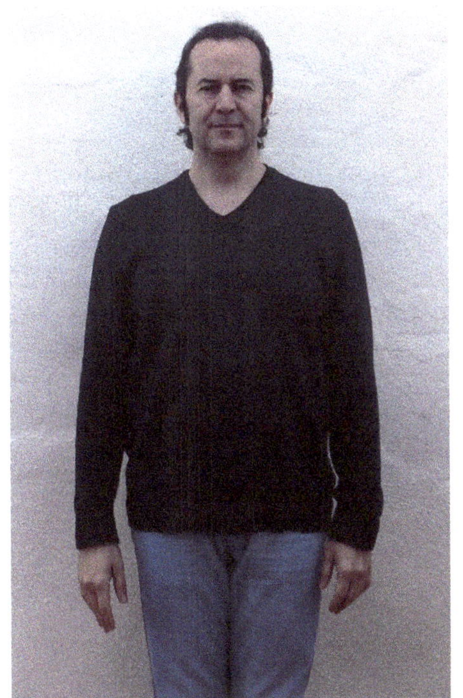

8.
Compositores y obras
Composers and compositions
Komponisten und Kompositionen

8.1. Intervenciones orquestales y óperas

Las composiciones o el uso del instrumento realmente tiene para mí un antes y un después.
Ese punto para mí lo marca muy claramente una persona: Richard Wagner (1813-1883)
Antes de Richard Wagner no se tiene constancia de ninguna composición para el Trombón Contrabajo pero sí se sabe que se utilizó en alguna ocasión.
Es con Richard Wagner cuando el instrumento se nos muestra en todo su esplendor.
Gracias a Richard Wagner lo podemos escuchar en la siguiente obra:
El anillo del Nivelungo,
Richard Wagner influyó a muchos otros compositores y otros han usado el Trombón Contrabajo en sus piezas:
Anton Bruckner, Giuseppe Verdi, Giacomo Puccini, Richard Strauss, Arnold Schönberg, Alban Berg, Leos Janachek, Igor Stravinski, Mihail Glinka, Ernest Krenek, Hans Werner Henze, Bernd Alois Zimmermann, Edgar Varèse, György Ligeti, Pierre Boulez, Alfred Schnittke, Wolfgang Rihm, etc.
Todos estos compositores dieron al trombón contrabajo una parte muy importante con diversos solos o partes en óperas o partes orquestales. Ver extractos orquestales en la página... (historia..pag??)
Los más famosos extractos orquestales para Trombón Contrabajo se pueden encontrar en:
Wagner, Der Ring des Nibelungen
Verdi, Othello and Falstaf
Puccini, Tosca and Turandot
Richard Strauss, Alpen Symphonie, Salome and Elektra
Bernd Alois Zimmerman, Die Soldaten
György Ligeti, Gran Macabré, Etc.

8.2. Compositores

Algunas piezas originales escritas para **Trombón Contrabajo Solo:**
John Kenny, Sonata for Solo Contrabass Trombone
Micky Wroblenski , Elegy for Contrabass Trombone and piano
Peter Dülken, Con Fuoco for Three Contrabass Trombones and piano
Wolfgang Rihm, Figur for 4 Contrabass Trombones, harp and percussion
Harri Mantynen, Concert for Contrabass Trombone and wind band
Gaspar Angel Tortosa, Etiam Concerto for Contrabass Trombone and Orchestra
(also wind band and piano version)
Anthony Plog, Statements for Contrabass Trombone and Piano
John Sweden, Waltz La Souterraine for Contrabass Trombone and piano

Ben van Dijk, Maestro del Trombón Contrabajo, gracias a sus grabaciones, recitales y varias master clases, le ha dado al instrumento una alta reputación.
El virtuoso Trombonista Bajo y Contrabajo holandés, Brandt Attema, junto con su dúo con arpa Astrid Haring, trata los nuevos aspectos del mundo del Trombón Contrabajo.
Otro de los usos del Trombón Contrabajo es en los coros de trombón. Algunos grupos utilizan el Trombón Contrabajo para abrir mucho más el registro grave. Por ejemplo, el “Deutscher Posaunenchor” (Coro de Trombones Alemán) y los coros de iglesia como el “Moravian Church”.

8.1. Orchestral works and operas

For me the compositions or the use of the Contrabass trombone do begin very clearly with Richard Wagner.
We have no notice till now of any original compositions for Contrabass Trombone before Richard Wagner, but we know that the instrument was used in some occasions. Richard Wagner shows us the instrument splendor in "Der Ring des Nibelungen".
Richard Wagner influenced many other composers and many others used the Contrabass Trombone in their works:
Anton Bruckner, Giuseppe Verdi, Giacomo Puccini, Richard Strauss, Arnold Schönberg, Alban Berg, Leos Janachek, Igor Stravinski, Mihail Glinka, Ernest Krenek, Hans Werner Henze, Bernd Alois Zimmermann, Edgar Varèse, György Ligeti, Pierre Boulez, Alfred Schnittke, Wolfgang Rihm...etc.

The most famous excerpts for Contrabass Trombone are found in:
Wagner; Der Ring des Nibelungen
Verdi; Othello and Falstaf
Puccini; Tosca and Turandot
Richard Strauss; Alpen Symphonie, Salome and Elektra, Frau ohne Schatten
Bernd Alois Zimmerman; Die Soldaten
György Ligeti; Gran Macabré, etc.

8.2. Composers

There are only some original works for **Contrabass Trombone solo:**
John Kenny; Sonata for Solo Contrabass Trombone
Micky Wroblenski; Elegy for Contrabass Trombone and piano
Peter Dülken; Con Fuoco for Three Contrabass Trombones and piano
Wolfgang Rihm; Figur for 4 Contrabass Trombones, harp and percussion
Harri Mantynen; Concert for Contrabass Trombone and wind band
Gaspar Angel Tortosa; Etiam Concerto for Contrabass Trombone and Orchestra (wind band and piano versions also)
Anthony Plog; Statements for Contrabass Trombone and piano
John Sweden; Waltz La Souterraine for Contrabass Trombone and piano

Ben van Dijk, Contrabass Trombone Maestro has brought worldwide reputation on the Contrabass Trombone thanks to his CDs, many recitals and master classes.
The activities of the Netherlands Bass and Contrabass Trombonist virtuoso, Brand Attema and his duo with Astrid Haring (playing harp) have brought new aspects of the world of Contrabass Trombone.
One more use of the Contrabass Trombone is in trombone choir. Some groups already use the Contrabass Trombone to open the bass range of the group. We think of "Deutscher Posaunenchor" and church choirs like Moravian Church.

8.1. **Orchesterwerke und Opern**

Kompositionen und der Einsatz der Contrabassposaune beginnen für mich ganz klar mit Richard Wagner.

Wir kennen bis heute nichts über Originalkompositionen für Contrabassposaune vor Richard Wagner, aber wir wissen , dass das Instrument gelegentlich in Gebrauch war.

Richard Wagner hat dieses Instrument im kompletten "Ring des Nibelungen" sehr ausdrucksstark eingesetzt.

Richard Wagner hat viele Komponisten beeinflusst und viele Komponisten haben die Contrabassposaune in ihren Werken eingesetzt:

Anton Bruckner, Giuseppe Verdi , Giacomo Puccini, Richard Strauss , Arnold Schönberg, Alban Berg , Leos Janachek, Igor Stravinski, Mijail Glinka, Ernest Krenek, Hans Werner Henze, Bernd Alois Zimmermann, Edgar Varèse, György Ligeti , Pierre Boulez, Alfred Schnittke, Wolgang Rihm...etc

Die herausragendsten Orchesterstellen finden wir in:

Wagner; Der Ring des Nibelungen
Verdi; Othello and Falstaf
Puccini; Tosca and Turandot
Richard Strauss, ; Alpen Symphonie, Salome and Elektra, Frau ohne Schatten
Bernd Alois Zimmerman; Die Soldaten
György Ligeti; Gran Macabré, etc..

8.2. **Komponisten**

Es gibt schon einige Originalwerke für **Contrabassposaune solo:**

John Kenny; Sonata for Solo Contrabass Trombone
Micky Wroblenski; Elegy für Contrabassposaune und Piano
Peter Dülken; Con Fuoco für 3 Contrabassposaunen und Piano
Wolfgang Rihm; Figur für 4 Contrabassposaunen, Harfe und Percussion
Harri Mantynen; Concert for Contrabass Trombone and wind band
Gaspar Angel Tortosa; Etiam Concerto for Contrabass Trombone and Orchestra (wind band and piano versions also)
Anthony Plog; Statements for Contrabass Trombone and Piano
John Sweden; Waltz La Souterraine for Contrabass Trombone and piano

Ben van Dijk, ein Meister der Contrabassposaune, hat durch seine CDs und in zahlreichen Recitals und Meisterklassen der Contrabassposaune weltweite Beachtung verschafft.

Mit den Aktivitäten des Niederländischen Bass- und Contrabassposaunevirtuosen Brandt Attema und seinem Duo mit der Harfenistin Astrid Haring, erscheinen neue Aspekte in der Welt der Contrabassposaune.

Die Contrabassposaune wird auch im Posaunenchor eingesetzt.

Einige Chöre setzen sie schon ein, um das Bassregister zu erweitern.

Wir denken an die "Deutschen Posaunenchöre" und Bläsergruppen und Kirchenchöre, wie die der Moravian Church.

Ejemplo de un coro Alemán, concretamente el coro "PosaunenPur" de la ciudad de Dossenheim con el apoyo y entusiasmo de Sami Sharif , trombón contrabajo de este coro.

This is an example of a german trombone choir, concretely the "PosaunenPur" from the Dossenheim city with the support and enthusiasm of Sami Sharif, contrabass trombonist of this chorus.

Hier ein Deutscher Posaunenchor, als Beispiel die Gruppe "PosaunenPur" aus Dossenheim. Dank an Sami Sharif, Contrabassposaunist dieses Chores, für seine Unterstützung und Begeisterung.

8.3. Cine y TV

Otra de las funciones del Trombón Contrabajo en la actualidad es su uso en la música para el cine o la televisión, utilizado cada vez más por compositores como John Williams, Hans Zimerman, Danny Elfmann, etc.
Dos importantes instrumentistas en este género merecen una especial mención en este libro, Bill Reichenbach y Phillip A. Teele. Entre los dos han utilizado el trombón contrabajo en las siguientes producciones cinematográficas entre muchas más:
Alice in Wonderland, Planet of the Apes, Pirates of the Carribean, King Kong (2005),Transformers, Aliens vs. Preditors, I Am Legend, Eagle Eye, G I Joe, 2012, The Last Airbender, The A Team, Salt, Preditors, Jonah Hex, Sorcerers Apprentice, The Tourist, Green Lantern, Real Steel, Fright Night (2011), The Thing (2011), Men in Black , Super 8, Battleship, Snow White and the Hunter, Spider man films , Batman, Night & day, John Carter, Battelship, Hansel & Gretel, First knight, Last Samurai, Pearl Harbor, X-men, The matrix, Batman Cartoons, Lion king, Mars attacks, ,Godzilla, Bound by honor......

8.3. Cinema and TV

Another use of the Contrabass Trombone is nowadays in TV and film music productions. Remember composers like John Williams, Hans Zimmerman, Danny Elfmann, etc.
Two important player of this genere have to be mentioned in this book, Bill Reichenbach and Phillip A. Teele. They both have played the contrabass trombone in the following film productions (and many more):
Alice in Wonderland, Planet of the Apes, Pirates of the Carribean, King Kong (2005), Transformers, Aliens vs. Preditors, I Am Legend, Eagle Eye, G I Joe, 2012, The Last Airbender, The A Team, Salt, Preditors, Jonah Hex, Sorcerers Apprentice, The Tourist, Green Lantern, Real Steel, Fright Night (2011), The Thing (2011), Men in Black , Super 8, Battleship, Snow White and the Hunter, Spider man films , Batman, Night & day,

John Carter, Battelship, Hansel & Gretel, First knight Last Samurai, Pearl Harbor, X-men, The matrix, Batman Cartoons, Lion king, Mars attacks, ,Godzilla, Bound by honor......

8.3. Kinofilme und Fernsehen

Ein weiteres Einsatzgebiet für die Contrabassposaune sind die TV- und Filmmusikproduktionen.
Wir denken an Komponisten wie John Williams, Hans Zimmerman, Danny Elfmann, etc.
Zwei hervorragende Musiker dieses Genre müssen genannt werden: Bill Reichenbach und Philip A. Teele. Beide spielen die Contrabassposaune in folgenden Filmproduktionen (und vielen anderen mehr): Alice in Wonderland, Planet of the Apes, Pirates of the Carribean, King Kong (2005),Transformers, Aliens vs. Preditors, I Am Legend, Eagle Eye, G I Joe, 2012, The Last Airbender, The A Team, Salt, Preditors, Jonah Hex, Sorcerers Apprentice, The Tourist, Green Lantern, Real Steel, Fright Night (2011), The Thing (2011), Men in Black , Super 8, Battleship, Snow White and the Hunter, Spiderman Filme , Batman, Night & day, John Carter, Battelship, Hänsel & Gretel, First knight , Last Samurai, Pearl Harbor, X-men, The matrix, Batman Cartoons, Lion king, Mars attacks, ,Godzilla, Bound by honor......

Sección de metales en un descanso de uno de los muchos films donde se utiliza el trombón contrabajo.
Brass section during a breack of one of the many film productions, where the contrabass trombone is used.
Blechbläser während einer Pause in einer der vielen Filmproduktionen, in der die Contrabassposaune gespielt wurde.

Sección de trombones de la pelicula "Planet of the Apes" (El Planeta de los Simios 2001).
Trombone section of the film "Planet of the Apes", 2001.
Posaunensatz im Film "Planet of the Apes", 2001.

Fotos cedidas bajo permiso de Bill Reichenbach y Phillip A. Teele.
Photos provided by permission of Bill Reichenbach and Phillip A. Teele.
Fotos mit Erlaubnis von Bill Reichenbach and Phillip A. Teele.

Gaspar Angel Tortosa (compositor/ composer /Komponist de ETIAM Concerto) Javier Colomer

9. Trombones de Javier Colomer/*Javier Colomer trombones*/**Javier Colomer´s Posaunen**

9.1.
Modelo de Trombón contrabajo Javier Colomer
Javier Colomer personal Contrabass trombone model
Javier Colomer´s Contrabassposaunen Konfiguration

Trombón Contrabajo THEIN   Fa/Re/Sib

2 Válvulas Hagmann®
Lacado en GoldBrass
Campana Diámetro 270mm , 10 5/8"
Campana Thein en estilo Kruspe-Metal, derroscable
Cenefa German Style plateada de 20mm /0,788"
Diámetro vara: 14.4 mm / 0.567" , desagüe largo
Boquillas: Thein-MCFL y Bruno Tilz 3 KB

THEIN Contrabass Trombone F/D/BBb

2 Hagmann®-Valves
GoldBrass lacquered
Bell diameter 270mm / 10 5/8"
Bell in Thein-Kruspe style-metal, screwing
Garland in German midel silver, 20mm/0,788"
Bore:14,4 mm / 0,567" , long waterkey
Mouthpieces: Thein-MCFL and Bruno Tilz KB3

THEIN Contrabassposaune in F/D/B

2 Hagmann®-Ventile
Schall: Durchmesser 270mm / 10 5/8"
Schall in Thein-Kruspe style-MetalL, Schraubring
Kranz in Neusilber, 20mm/0,788"
Bohrung: 14,4 mm / 0,567", Lange Wasserklappe
Mundstück: Thein-MCFL und Bruno Tilz KB3

9.2.

Sólo para su información en esta página puede ver los otros trombones que toca Javier Colomer:

Only for your info we show the other trombones of Javier Colomer in this page:

Zur Information zeigen wir auf dieser Seite Javier Colomers andere Posaunen:

Trombón Bajo THEIN, configuración personal

Sib/F/Solb, 2 Válvulas Hagmann®
Lacado en GoldBrass,Campana Diámetro 250mm
Campama Thein en estilo Kruspe-Metal, derroscable
Cenefa German Style plateada de 10mm
Diámetro vara: 13,9/14,4 mm, desagüe largo
Boquilla: Thein-JAVI

THEIN Bass Trombone, personal configuration

Bb/F/Gb, 2 -Hagmann®-valves
GoldBrass lacquered, Bell diameter 250mm , 9 27/32"
Bell in Thein –Kruspe style metal, screwing
Garland in German nickel silver, 10mm /0,394"
Bore: due bore 13,9/14,4 mm / 0.547"/0,567", long waterkey
Mouthpiece: Thein-JAVI

THEIN Bassposaune in B/F/Ges(D)

2 Hagmann®-Ventile, Schall: Durchmesser 250mm

Schall in Thein-Kruspe style-MetalL, Schraubring

Kranz in Neusilber, Breite 10mm

Bohrung: 13,9/14,4 mm , Lange Wasserklappe

Mundstück: Thein-JAVI

Trombón Tenor mod. Spain

Sib/F, Válvula Hagmann®
Lacado en Gold Brass
Campana 210mm
Diámetro vara: 13,9 mm
Boquilla: Thein BBT

Tenor Tromb. Spain model

Bb/F, Hagmann®-valve
GoldBrass lacquered
Bell 210mm , 8 1/4"
Bore: 13,9 mm/ 0.547"
Mouthpiece: *Thein BBT*

Tenorposaune Spain Modell

B/F, Hagmann®-Ventil
Goldmessing lackiert
Schall: 210mm
Bohrung: 13,9 mm
Mundstück: THEIN BBT

10.
Boquillas
Mouthpieces
Mundstücke

El uso de las boquillas es algo muy personal de cada instrumentista, cada músico busca la mejor boquilla para sí mismo. Hay muchos fabricantes de boquillas en el mundo y muchos de ellos ofrecen boquillas de Trombón Contrabajo. Aquí se muestran algunos fabricantes de boquillas:

Bach, JK-Josef Klier, Lätzsch, Rath, Werner Chr. Schmidt, Thein, Bruno Tilz, Schilke, Denis Wick, etc.

Thein recomienda, para el Trombón Contrabajo THEIN y otras marcas, sus propios modelos de boquilla.
Las especificaciones técnicas de sus boquillas se muestran en la siguiente tabla:

The use of the mouthpiece is very personal for each player; everyone tries to find the best for himself. There are a lot of mouthpiece makers in the world and some of them offer Contrabass Trombone mouthpieces.
Hereunder we show some of them:

Bach, JK-Josef Klier, Lätzsch, Rath, Werner Chr. Schmidt, Thein, Bruno Tilz, Schilke, Denis Wick, etc.
Thein recommends, for THEIN Contrabass Trombone and other brands, the THEIN mouthpieces.
The technical specifications are included in the next chart:

Das Mundstück ist immer etwas sehr persönliches und jeder Bläser versucht für sich das beste Mundstück zu finden.
Es gibt viele Mundstückhersteller in der Welt und einige bieten Contrabassposaunenmundstücke an:

Bach, JK-Josef Klier, Lätzsch, Rath, Werner Chr. Schmidt, Thein, Bruno Tilz, Schilke, Denis Wick, etc.

THEIN empfiehlt für seine Contrabassposaunen und Fabrikate anderer Hersteller THEIN Mundstücke.
Technische Angaben folgend:

Model MC

Bore 8,1 mm

Cup ∅ 31,0 mm

Outer rim ∅ 45,2

Standard

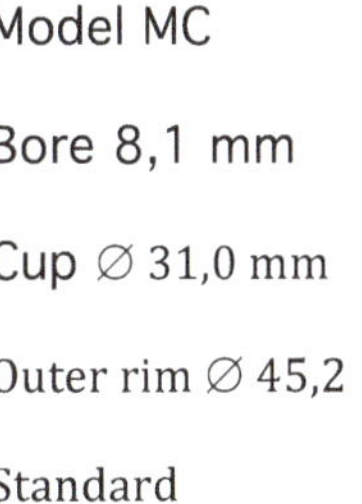

Model MCF

Bore 8,1 mm

Cup ∅ 31,0 mm

Outer rim ∅ 45,2

Slightly more flat cup

Model MC-H

Bore 8,1 mm

Cup ∅ 31,0 mm

Outer rim ∅ 46,2

Heavy version

Model MCFL

Bore 7,9 mm

Cup ∅ 31,0 mm

Outer rim ∅ 44,2

Lighter, overtones, semi flat cup, Ben van Dijk model

Model MCFL-30,5

Bore 8,1 mm

Cup ∅ 30,5 mm

Outer rim ∅ 44,0

Smaller cup, bigger bore

Model C1

Bore 8,1 mm

Cup ∅ 29,8 mm

Outer rim ∅ 44,4

Cieslick

11. Accesorios / *Accesories*/ **Zubehör**

11.1. Sordinas / *Mutes* / **Dämpfer**

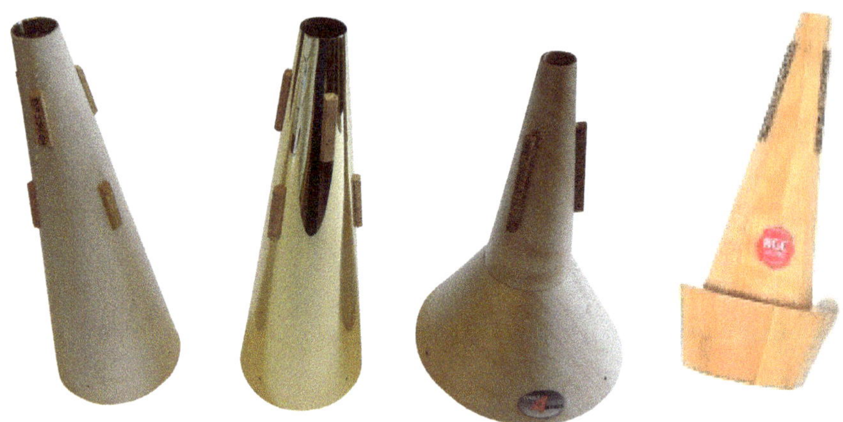

De izquierda a derecha/ *From left to right*/ ***Von links nach rechts:***

Engemann (madera/wood/**Holz**), *THEIN* (metálica en dorado/yellow brass/**Messing**),
Tools4Winds (*Ben van Dijk model*,madera/wood/**Holz**),
RGC (*Javi model*, madera de cerezo/cherry wood/**Kirschholz**)

11.2. Soporte o Paral / *Stand* / **Ständer**

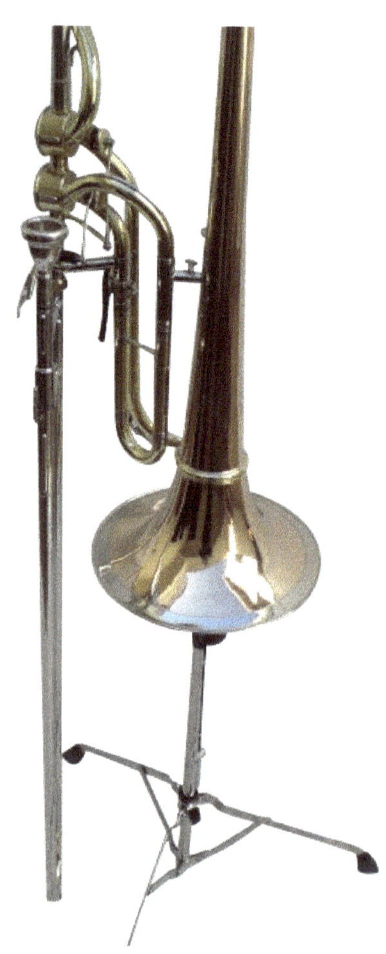

Modelo especial de THEIN para Trombón Contrabajo

THEIN special model for Contrabass Trombone

THEIN Spezialständer für Contrabassposaune

11.3. Stick,para tocar relajado/ *Stick to play relaxed* / **Stick-Spielhilfe**

De izquierda a derecha /From left to right/Von links nach rechts:

Javier Colomer probando Stick para trombón de **Tools4Winds**, Ben van Dijk mostrando el trombón stick de **Ergobrass.**

Javier Colomer trying trombone stick of **Tools4Winds**, *Ben van Dijk demonstrating trombone stick of* **Ergobrass.**

Javier Colomer probiert Trombone Stick von **Tools4winds**, Ben van Dijk demonstriert Trombone Stick von **Ergobrass**.

11.4. Soporte de la mano/ *Hand rest*/ **Handrückenstütze**

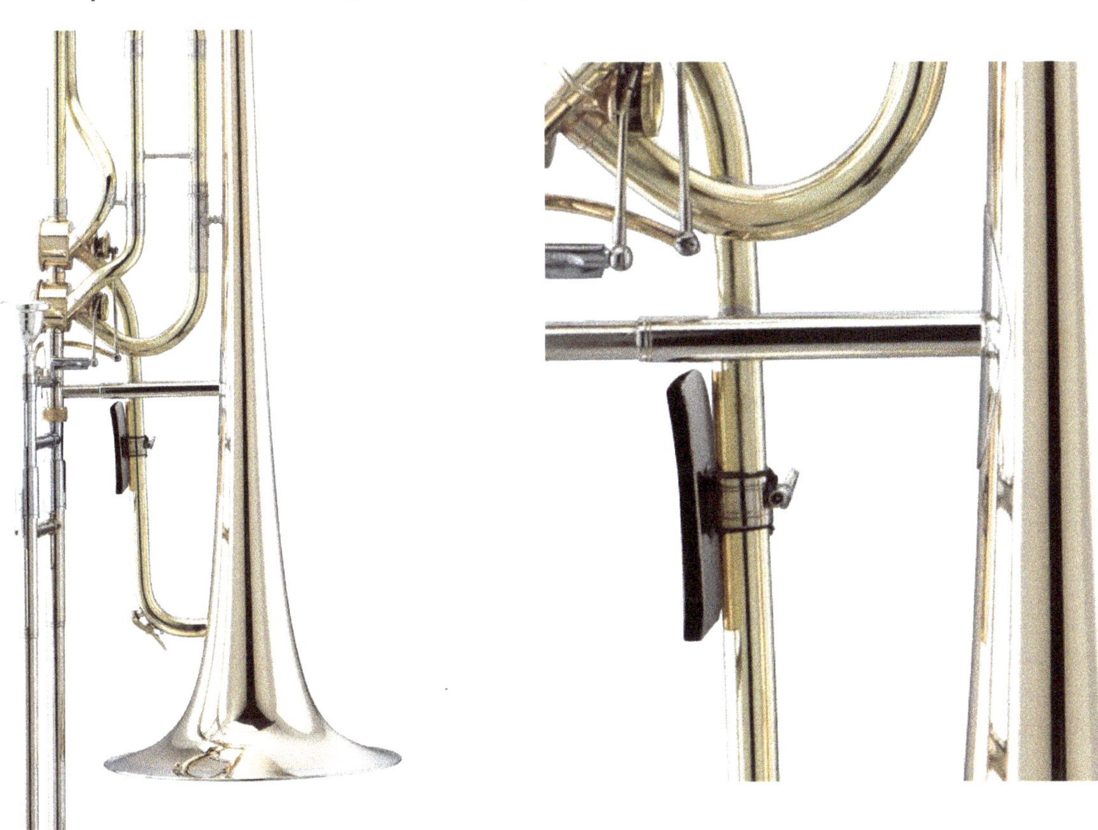

11.5.Campana derroscable/*Screw Bell* /**Schraubring**

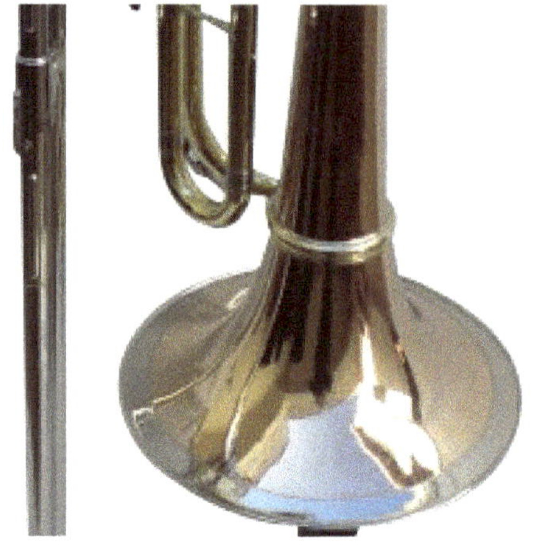

11.6. Estuche plano / *Flat Case* / **Flacher Koffer**

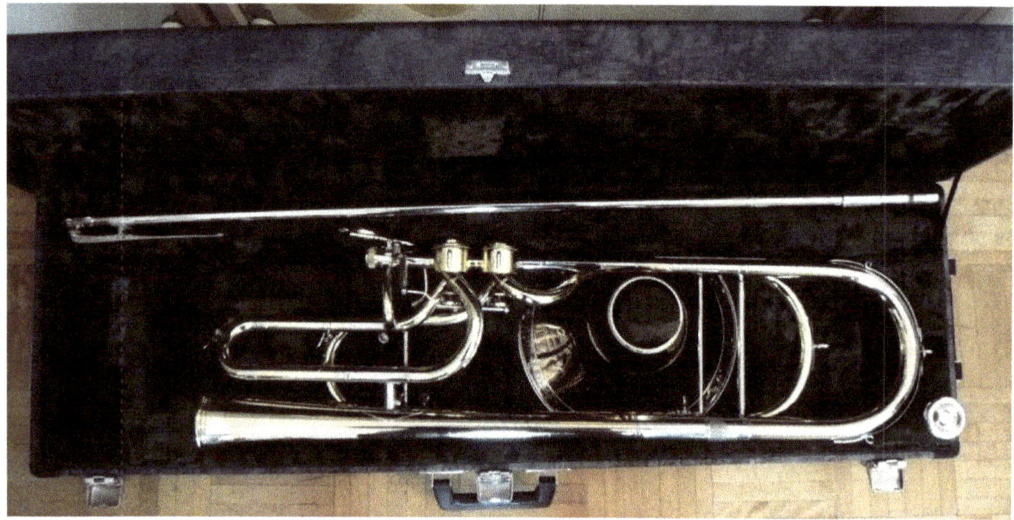

La campana derroscable permite introducirla en un estuche plano, es ideal para el transporte en la bodega de los aviones al igual que en otros medios de transporte como el coche, el tren y el autobús. Mi experiencia me ha ayudado a comprobar que es un sistema seguro de transporte. Además, el resultado del uso de la campana derroscable me ha proporcionado un sonido más enfocado.

The screw bell enables us to use a very flat and compact case, which is ideal for transport in the baggage area of airplanes as by others means of transport like car, train or bus and I have experienced more secure transports with it.
The screw bell system gives me a more focused sound.

Der abschraubbare Schallbecher (Schraubschall) ermöglicht einen sehr kompakten und flachen Koffer. Ideal für die Beförderung im Flugzeug-Gepäcktransport, Auto, Eisenbahn oder Bus. Ich habe dadurch einen viel sicheren Transport.
Das Schraubschallbechersystem gibt mir im Klang einen guten Kern.

11.7. Fundas y Estuches / *Gig Bags and Cases* / **Gig Bags und Koffer**

De izquierda a derecha /*From left to right*/**von links nach rechts:**

Funda, Funda doble Bajo y Contrabajo , Estuche plano, Estuche.

Gig Bag, Double Gig Bag for Bass and Contrabass trombone, Flat hard case, Hard case.

Gig Bag, Doppel Gig Bag für Bass -und Contrabassposaune, Koffer flach, Koffer.

11.8. Alargador/ *Handle*/ **Schwengel**

Kiell Erik Husom

Filarmónica de Bergen, Noruega, tocando el Trombón Contrabajo con el alargador.

Kiell Erik Husom

Bergen Philharmonic, Norway, playing the Contrabass Trombone with handle.

Kiell Erik Husom

Bergen Philharmonic, Norwegen, spielt die Contrabassposaune mit Schwengel.

Todos estos accesorios están disponibles a través de Javier Colomer o THEIN.
All items are available via Javier Colomer or THEIN.
Alles Zubehör ist erhältlich via Javier Colomer oder THEIN.

Contacto/*Contact*/ **Kontakt**: info@javicolomer.com contact@thein-brass.de

12.
Mantenimiento del Trombón
Care of the Trombone
Intrumentenpflege

*Recomiendo leer "**Los 5 pasos básicos de Heinrich Thein**" para llevar a cabo un cuidado 100% bueno.*

5 Pasos básicos para un cuidado excelente de su instrumento

- Limpiar diariamente la boquilla con un cepillo para boquillas.
- Limpiar el instrumento semanalmente por dentro con agua (si se tiene un tudel extraíble, limpiar éste también)
- Limpiar la parte exterior del instrumento con una bayeta o franela de microfibra después de usar el instrumento.
- Aplicar aceite a las válvulas antes de tocar.
- Limpiar la vara cada dos semanas y engrasarla periódicamente.

Hay que tener en cuenta estos aspectos higiénicos para el cuidado de su propia salud y la de sus pulmones, ya que la respiración se lleva a cabo a través del instrumento.

Con todos estos pasos puede conseguir mantener nuevo su instrumento durante 100 años...

Para cuidar mejor el lacado del instrumento, recomendamos utilizar los distintos productos disponibles que existen en el mercado y una visita anual a su fabricante de instrumentos.

Todos estos productos están disponibles a través de Javier Colomer o THEIN.

I recommend reading "Heinrich Thein's 5 essentials" to have a 100% good care:

5 Essentials for excellent care of your brass instrument

- *Daily use of a mouthpiece brush for your mouthpiece (like a toothbrush).*
- *Weekly inside water shower for the instrument (when your Instrument has an unfixed lead pipe, pull it out and clean the inside part with a brush under running water).*
- *Outside cleaning of the sweat with a microfiber cloth after use.*
- *Oil the valves before playing.*
- *Clean and cream the slide every 2 weeks.*

Think of the hygienic aspect to care for your own health and lungs, because you inspire and exhale through the instrument.

With these recommendations you will have your instrument like new for 100 years...

*For better care we recommend refreshing lacquer with available market products and an **annual** inspection by your instrument maker.*

All cleaning and care products are available via Javier Colomer or THEIN.

Ich empfehle, die **"5 Essentials von Heinrich Thein"** zu lesen.

5 Essentials für die beste Pflege ihres Blechblasinstrumentes:

-**Täglich** das Mundstück mit einer Mundstückbürste auswaschen
(wie der Gebrauch einer Zahnbürste)
-**Wöchentlich** das Instrument mit Wasser ausspülen.
(Wenn das Instrument ein loses Mundrohr hat,
dieses herausziehen und unter fließendem Wasser ausbürsten)
-Das Instrument außen mit Hilfe eines Microfasertuches von Handschweiß befreien
-Ventile **vor** dem Spielen ölen
-Zug alle **2 Wochen** reinigen und neu fetten

Bedenken Sie den hygienischen Aspekt, ihre Gesundheit und Lungen, denn Bläser atmen durch das Instrument z.T. ein und aus.
Mit dieser Pflege bleibt ihr Instrument wie neu für 100 Jahre ...

Für weitere Pflege empfehlen wir die Auffrischung des Lackes mit Markenprodukten und die **jährliche** Inspektion beim Instrumentenbauer.

Alle Pflegemittel sind erhältlich durch Javier Colomer und THEIN.

He aquí algunos ejemplos de productos para el cuidado del trombón:

See here some exemples of some productes for the trombone care:

Hier einige Beispiele für Pflegemittel:

Contacto/*Contact*/ **Kontakt:** **info@javicolomer.com** **contact@thein-brass.de**

13.
Fabricantes
Makers
Instrumentenhersteller

Un ejemplo de algunos fabricantes de Trombón Contrabajo con sus diferentes modelos:

An uncomplete list of Contrabass Trombone makers and examples of their models:

Liste von Contrabassposaunenbauern und Beispielen ihrer Modelle. Die Liste erhebt keinen Anspruch auf Vollständigkeit.

Max & Heinrich Thein
www.thein-brass.de

Lätzsch
www.laetzsch-brass.de

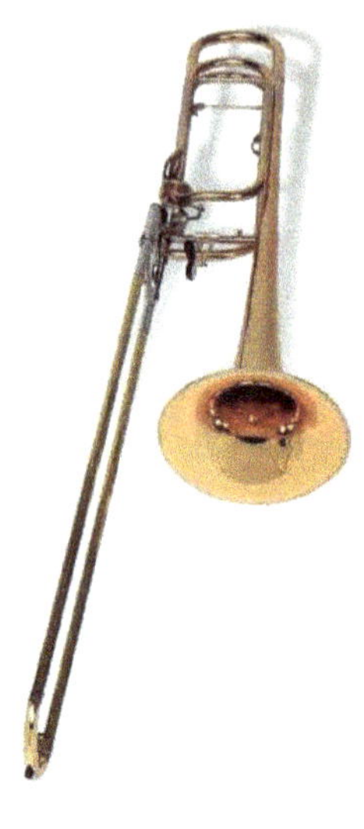

Haag
www.musikhaag.ch

Kromat
www.kromatbrass.de

Rath
www.rathtrombones.com

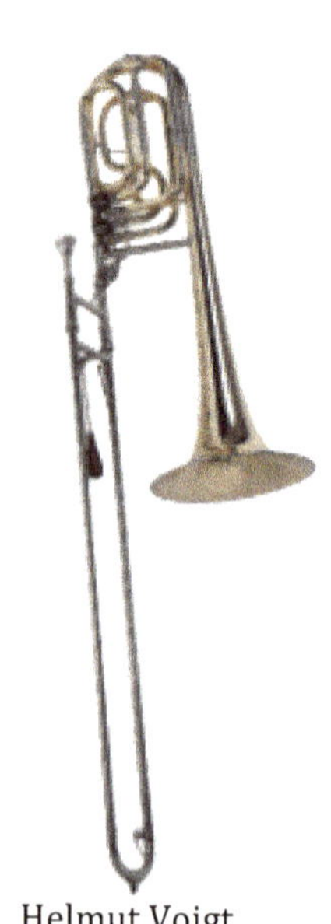

Helmut Voigt
www.voigt-posaunen.

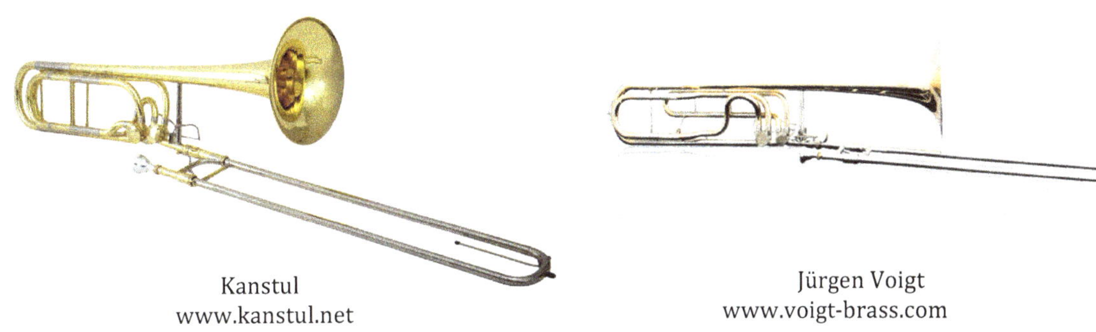

Kanstul
www.kanstul.net

Jürgen Voigt
www.voigt-brass.com

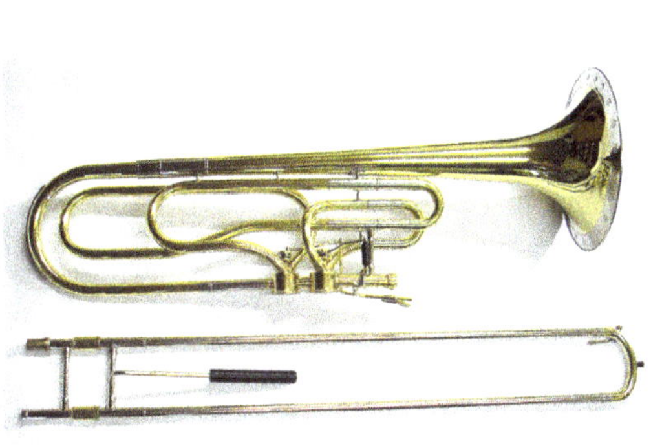

Finke
www.finkehorns.de

Miraphone
www.miraphone.de

14.
Modelos especiales y configuración
Special models and configurations
Spezialmodelle und Konfigurationen

14.1.Cimbasso

En Italia, el uso del trombón de válvulas o pistones en el siglo XIX estuvo bastante generalizado, por lo tanto el 4° trombón también estaba fabricado con válvulas, a este instrumento se le denominó *cimbasso*.

Originalmente la función de esta voz era la de un trombón contrabajo por lo que los músicos que tocaban este instrumento en las orquestas eran trombonistas que debían hacerse cargo de esa parte (óperas de Verdi, por ejemplo). Siguiendo esta lógica, el *cimbasso* es, más o menos, como un trombón contrabajo de válvulas.

Hoy en día el *cimbasso* lo tocan principalmente los tubistas.

En el presente libro hacemos mención de dicho instrumento.

In Italy, the valve trombone was generally used in the 19th century; therefore the 4th trombone was also a valve trombone, called cimbasso. Originally the part of the 4th trombone was contrabass trombone players work and sometimes they had to play cimbasso in some orchestras (Operas from Verdi, for example) and that is the reason why cimbasso is, more or less, a type of valve contrabass trombone.

Surely we all know that nowadays the cimbasso parts are mostly played by tuba players on cimbasso. We mention a view on cimbasso in this book.

In Italien war im 19. Jahrh. die Ventilposaune in Gebrauch, deshalb war die 4. Posaune auch ein Ventilinstrument, genannt Cimbasso.

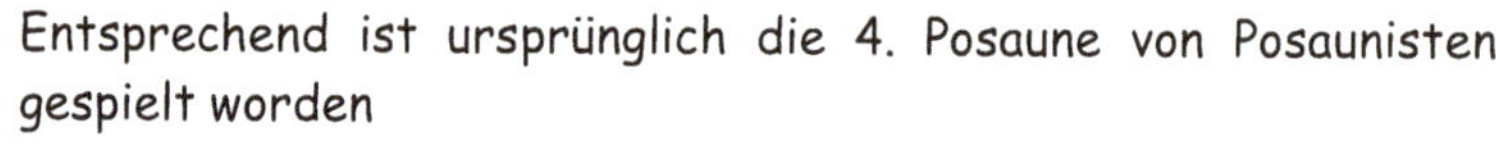

Entsprechend ist ursprünglich die 4. Posaune von Posaunisten gespielt worden

und Contrabassposaunisten sind in einigen Orchestern manchmal gefragt, Cimbassopartien zu spielen

(z.B. Opern von Verdi).

Das scheint vertretbar, auch deshalb, weil das Cimbasso mehr oder weniger eine Art Ventilcontrabassposaune ist.

Wir wissen, dass heute die Cimbassopartien meistens von Tubisten gespielt werden.

Foto:

Cimbasso THEIN en Fa , con 5 cilindros, estilo italiano.

THEIN Cimbasso in F, 5 rotary valves, bowed Italian shape.

THEIN Cimbasso in F, 5 Zylinderventile, gebogene Italienische Form.

Para más información/*For further information/* Siehe auch:
Trevor Herbert, The Trombone, Yale Musical Instrument Series, pp. 188-191, 203

14.2. **Tabla de la digitación del *Cimbasso*** en Fa. Los números corresponden a los dedos dispuestos como cualquier instrumento de cilindros o pistones.

Fingering chart for F - Cimbasso. The numbers match the number of the valve, as we find stamped on all valved instruments, either piston or rotary valves.

Grifftabelle für F-Cimbasso. Die Zahlen geben die Numerierung der Ventile an, wie sie für alle Perinett- oder Zylinderventilinstrumente gelten.

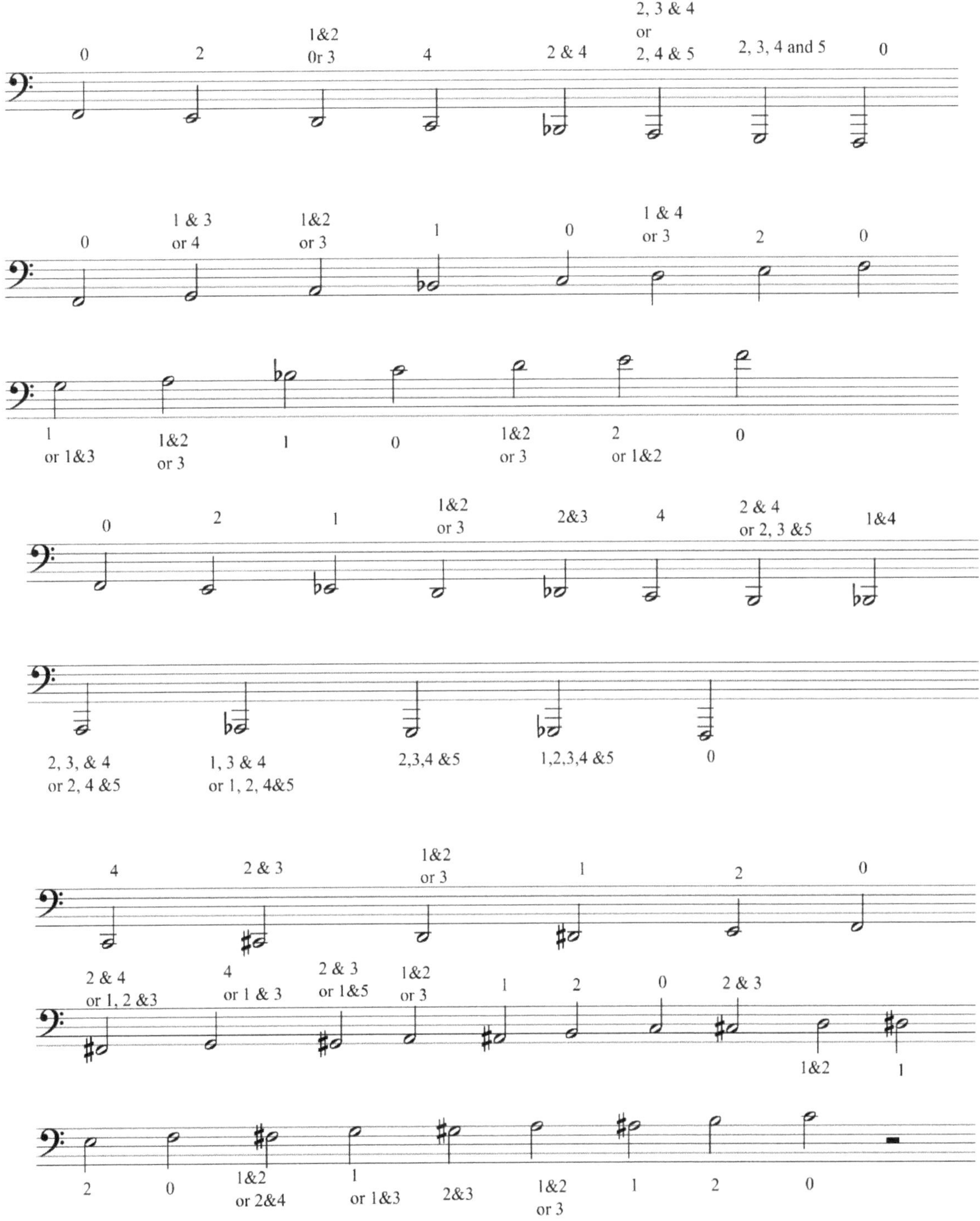

14.3.

Trombón Contrabajo-Cimbasso convertible THEIN, instrumento construido para La Orquesta de Radio Francia, Paris.

*THEIN **convertible Contrabass trombone - Cimbasso**, instrument constructed for the Radio-France Orchestra, Paris*

THEIN **Contrabassposaune-Cimbasso konvertibel**, gebaut für Radio-France Orchestra, Paris

Max & Heinrich Thein

Blechblasinstrumente

Rembertiring 40
28203 Bremen
Tel. ++49-(0)421-32 56 93
Fax ++49-(0)421-33 98 210

Neu im Internet:

http://www.Thein-Brass.de
e-mail: contact@Thein-Brass.de

"Thein" - Cimbasso - Contrabassposaune

gebaut für Radio France

D/C - Ventilkombination im Schallstück, auch Es/D und C/B möglich. Langer Zug mit Schwengel oder "kurzer" Zug.
Cimbasso - Ventilteil mit 5. Ventil (3/4 Ton oder 1 1/4 Ton möglich).

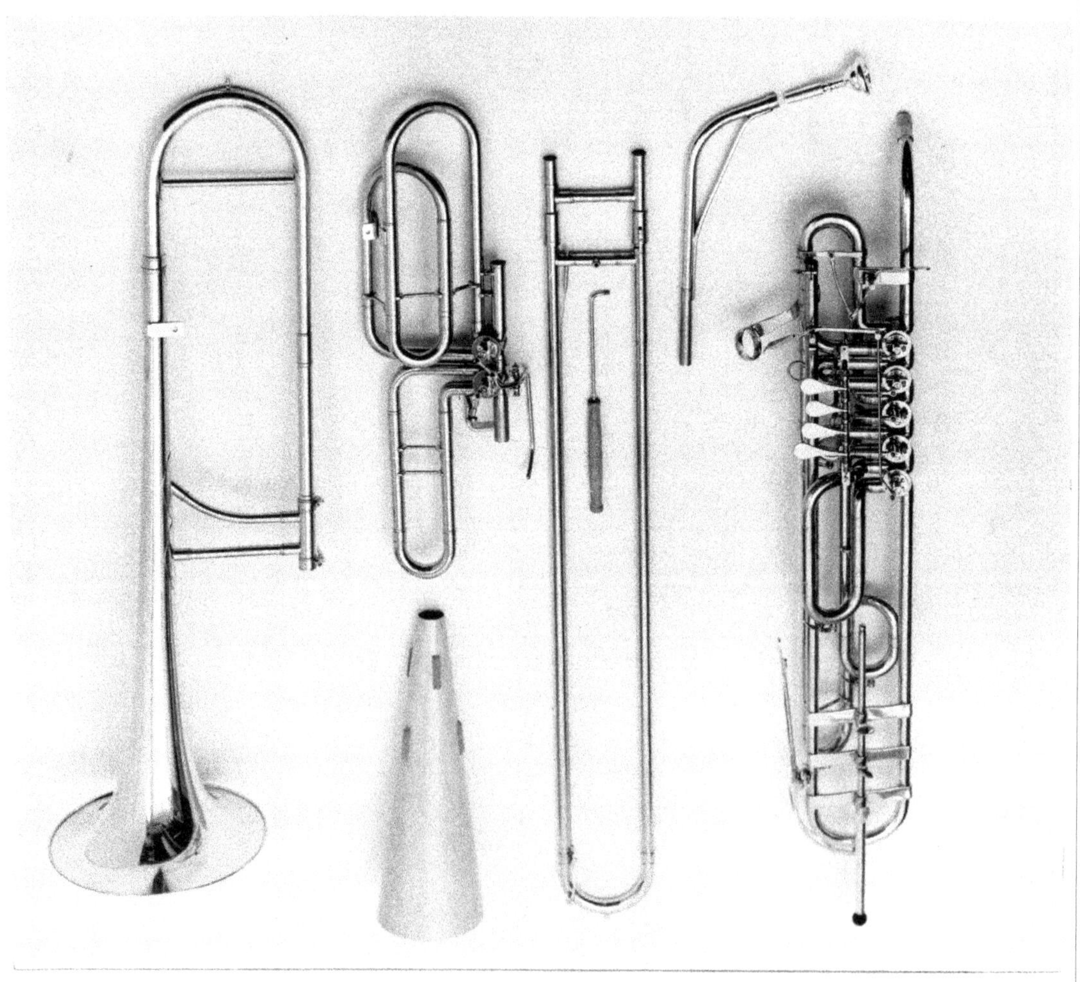

14.4.

Trombón Contrabajo de doble campana modelo-Buquet

Gérard Buquet (1954)
Compositor, director, tubista, profesor en París y Karlsruhe.
Composición "Zwischen" 1997 para Trombón Contrabajo de doble campana, construido por THEIN

Double Bell Contrabass trombone Buquet -model

Gérard Buquet (1954)
Composer, conductor, tuba player, professor in Paris and Karlsruhe.
Composition "Zwischen" in 1997 for Double bell contrabass trombone, constructed by THEIN .

Doppelschallbecher-Contrabassposaune Buquet Modell

Gérard Buquet (1954)
Komponist, Dirigent, Tubist, Professor in Paris und Karlsruhe.
Komposition "Zwischen" 1997 fúr Doppelschallbecher-Contrabassposaune.
Entwickelt und gebaut von THEIN

14.5.

Trombón Contrabajo en Mib de doble vara y una válvula, fabricado en 1987 para Dick Tyack, Royal Opera House Covent Garden, Londres.

Eb Contrabass Trombone with double slide and one rotary valve*, made for Dick Tyack, Royal Opera House Covent Garden in London in 1987.*

Contrabassposaine in Es mit 1 Zylinderventil und Doppelzug.

Gebaut 1987 für Dick Tyack, Royal Opera House Covent Garden, London.

Para más información y experiencias, visite/ *For more description and experience see* / Für mehr Information siehe:

http://www.britishtrombonesociety.org/archived-articles/friends-and-relations-the-contrabass-trombone.html

14.6.

Cimbasso vertical (recto)
Straight Cimbasso
Gerades Cimbasso

Lothar Schumacher , tubista en "Deutsche Oper am Rhein", Duseldorf, Alemania, tocando el *cimbasso* vertical (THEIN).

Mr. Lothar Schumacher, tuba player of Deutsche Oper am Rhein, Düsseldorf, Germany, plays a straight cimbasso (THEIN).

Lothar Schumacher, Tubist, Deutsche Oper am Rhein, Düsseldorf, spielt ein gerades Cimbasso (THEIN).

15.
"Brass Never-Ending"

El mundo de los instrumentos de metal sigue su desarrollo hoy en día.

Sabio comentario de Heinrich Thein : "El metal es una historia de nunca acabar"

Cuando THEIN creó su trombón tenor de la línea UNIVERSAL junto con el trombonista Michael Massong (Aalborg Symphony Orchestra) pensé que sería una muy buena idea crear lo mismo con el Trombón Bajo y nació el UNIVERSAL Bass Trombone.

Después del éxito de ambos modelos, estuve presente en MUSIK MESSE , Fráncfort en 2010, donde probé todos los trombones contrabajo que allí estaban presentes (todas las marcas). Con mi instrumento actual estoy absolutamente feliz, pero mi experiencia como docente e instrumentista me hacía mirar hacia la parte pedagógica del instrumento. Algunos de mis alumnos que han empezado con el trombón contrabajo tenían dificultades al principio con el trombón contrabajo por dos razones:

El peso o la dificultad de manejo al principio (mínimo 6 meses) y...el precio del instrumento.

Fue en ese Musik Messe en el viaje de regreso a Bremen junto con Max y Heinrich Thein cuando decidí proponerles, ¿por qué no...? un Trombón Contrabajo más asequible a los estudiantes en esos dos sentidos, precio y manejabilidad. Durante nuestras cinco horas de viaje, fue cuando decidimos crear ese instrumento que daría muchas más opciones a todos en general.

THEIN empezó a trabajar en ese modelo junto con el maestro Ben van Dijk, haciendo uso de todas sus capacidades en ese proceso de creación. El resultado de este trabajo juntos condujo a la producción del Trombón Contrabajo THEIN UNIVERSAL.

The world of brass instruments continues developing every day.

Heinrich Thein's wise comment: "Brass is a never-ending story."

When THEIN created the tenor trombone UNIVERSAL line with trombonist Michael Massong (Aalborg Symphony Orchestra), I proposed creating the same for Bass Trombone and then Bass Trombone UNIVERSAL was born.

After the success of both models, I was present at Musik Messe, in Frankfurt in 2010, and I tested all contrabass trombones, which were present there (all brands). With my current instrument I am completely happy, but my experience as a teacher and as an instrumentalist let me look toward instrument teaching too. Some of my students who were starting with the contrabass trombone had difficulties to start with the contrabass trombone for two reasons:

The difficulties to really handle the instrument (minimum 6 months) and the... price of the instrument.

It was at that Musik Messe on the journey back to Bremen with Max and Heinrich Thein, when I proposed a more affordable contrabass trombone for students in these two senses, meaning the adjustability and price. During our five-hour trip we decided to create this instrument that would give more opportunities to everyone.

THEIN began working on that model together with Maestro Ben van Dijk, who joined the process with all his capacities.

The result of this great work together is the UNIVERSAL Contrabass Trombone.

Die Welt der Blechbläser entwickelt sich jeden **Tag.**

Heinrich Theins weiser Kommentar: "Blech ist eine nie endende Geschichte."

Als THEIN die UNIVERSAL -Tenorposaunen Linie mit dem Posaunisten Michael Massong (Aalborg Symphony Orchestra) entwickelt hatte, schlug ich das gleiche für die Bassposaune vor und die UNIVERSAL - Bassposaune wurde geboren.

Nach dem Erfolg der beiden Modelle, war ich 2010 auf der Musikmesse in Frankfurt und habe dort alle Contrabassposaunen probiert. Mit meinem aktuellen Instrument bin sehr glücklich, aber meine Erfahrungen als Lehrer und Instrumentalist lassen mich auch auf die Erlernbarkeit des Instruments schauen. Einige meiner Schüler, die mit der Contrabassposaune begannen, hatten Schwierigkeiten aus zwei Gründen:

Die Schwierigkeit, sich grundsätzlich auf das Instrument einzustellen (mindestens 6 Monate) und der ... Preis.

Auf dem Rückweg von der Musikmesse nach Bremen, zusammen mit Max und Heinrich Thein, schug ich vor: "Warum nicht eine Contrabassposaune bauen, die diese beiden Punkte berücksichtigt, ein Instrument, das sich leichter spielen lässt und einen erschwinglicheren Preis hat!" Während unserer 5-stündigen Fahrt haben wir uns entschieden, dieses Instrument gemeinsam zu entwickeln.

THEIN begann die Arbeit an diesem Modell und Maestro Ben van Dijk brachte gerne alle seine Fähigkeiten in den Prozess mit ein.

Das Ergebnis dieser großartigen Zusammenarbeit ist die UNIVERSAL- Contrabassposaune.

De izquierda a derecha/From left to right/von links nach rechts: Heinrich Thein, Ben van Dijk, Olav Brandt (workshop master THEIN), Max Thein.

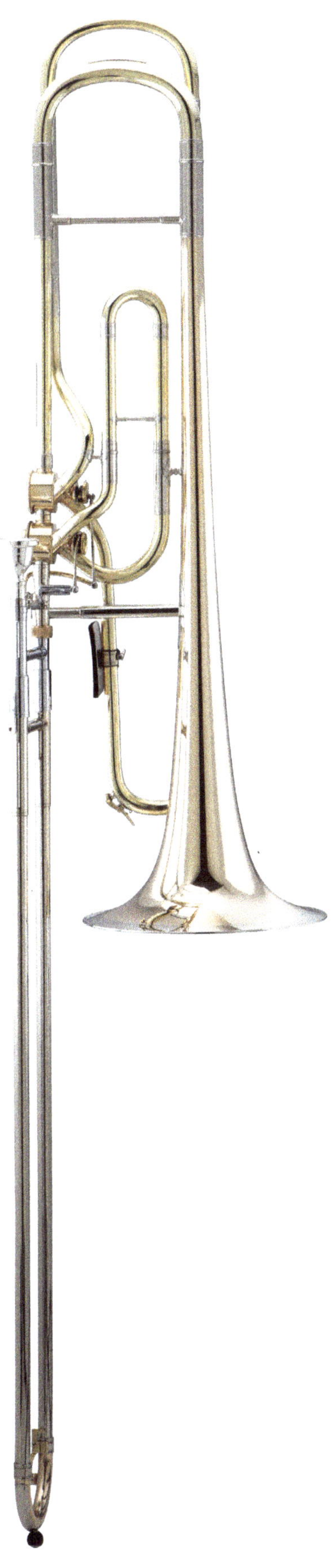

Thein UNIVERSAL Contrabass Trombone

16.
Grandes instrumentistas
Great players
Bekannte Musiker

Junto a muchos otros instrumentistas, mencionaremos algunos trombonistas contrabajo, que tenemos en mente:

Among many other players, we mention some contrabass trombonist, we have just in mind:

Neben bestimmt vielen weiteren, fallen uns spontan folgende Contrabassposaunisten ein:

Roger Argente, Royal Philharmonic Orchestra, London

Brandt Attema, Nederlands Radio Philharmonic, Rotterdam Conservatory

David Bobroff, Iceland Symphony Orchestra

Javier Colomer, Spain

Ben van Dijk, Rotterdam Philharmonic, Amsterdam Conservatory

Petur Eirikson, Orquesta Sinfónica de Galicia, Spain

Uwe Füssel, Bayerische Staatsoper, München

Raül Garcia, Orquestra Sinfónica i Nacional de Catalunya, Spain

Kjell Erik Husom, Bergen Philharmonic, Norway

Lars Haugaard, Royal Danish Opera, Copenhagen

Karl Margevka, Christchurch Symphony, New Zealand

Keith McNicoll, Royal Opera House Covent Garden, London

Jan Mortensen, Royal Danish Opera, Copenhagen

Frank van Nooy, Semperoper, Dresden

Bryce Pawlowski, Niedersächsisches Staatstheater Hannover

Bill Reichenbach, Hollywood Studios

Hans Ströcker, Wiener Philharmoniker

Phil Teele, Hollywood Studios

Charles Vernon, Chicago Symphony Orchestra

Douglas Yeo, Boston / Arizona University

17.

Bibliografía
Bibliography
Bibliografie

17.1

Literatura/ *Literature*/ Literatur:

Arban's — "Famous Method for Slide and Valve Trombone and Baritone", Edited by Charles L. Randall and Simone Mantia , Carl Fischer, Inc.

Miguel Badia: — © Copyright 1970 by Miguel Badia & Editorial Boileau, S.L Reg. EI0227 p.18 (www.boileau-music).
© Copyright 1970 by Miguel Badia & Editorial Boileau, S.L Reg. EI0227 p.50 (www.boileau-music)

Philip Bate: — "The trumpet and trombone" , page 55-59
Edition Ernest Benn, London, 1978

Marco Bordogni: — "Marco Bordogni, 43 Bel Canto Studies for Tuba"
(or Bass Trombone) Music for Brass No.281 Robert King Music published by Alphonse Leduc Editions Musicales

Ben van Dijk — "New Thein Brass Trombone Innovation, Contrabass Trombone",
In: Brass Bulletin, 4/1995

Günter Dullat — "Metallblasinstrumentenbau", S.98ff.
Verlag Erwin Bochinsky, 1989

Trevor Herbert — The Trombone, Yale Musical Instrument Series

Hans Kunitz — "Die Instrumentation, Teil 8, Posaune"
Verlag Breitkopf & Härtel, Leipzig 1959

Michael Praetorius — "Syntagma Musicum", Band II, De Organographia, Wolfenbüttel 1619
Verlag Bärenreiter Kassel,London, New York, Druckschriften-Faksimiles, Documenta Musicologica, 1968

Heinrich Thein — "Characteristics of German trombone"
Thein-Bremen, 2000, www.thein-brass.com

Heinrich Thein — "Die Kontrabassposaune"
Bild-Abriß unter besonderer Berücksichtigung der bautechnischen Aspekte (1973) In: Brass Bulletin, 1978, Francaise, German, English

Heinrich Thein — "Zur Geschichte der Renaissance-Posaune von Jörg Neuschel (1557) und zu ihrer Nachschöpfung"; in: Basler Jahrbuch für historische Musikpraxis, I, S. 377-404, Winterthur 1981

Heinrich Thein — "Deutsches und Amerikanisches Posaunenkonzept"
In: „Das Musikinstrument" 11/1985, PPV-Medien, Bergkirchen, www.thein-brass.com

Thein — "Cimbasso-Contrabasstrombone" ,
Radio France, 1986; Thein-Bremen Archiv

Thein — THEIN-Catalog "Trombones & More", page 14/15/16, 2008, Thein-Bremen

Josua S. Zwanzger — "(K)eine Frage der Notwendigkeit Thein-Contrabassposaune "Ben van Dijk" in: Sonic 2/2006, PNP Verlag, Neumarkt

17.2.
Web sites:

Ben van Dijk	www.basstrombone.nl
Vienna Symphonic Library	www.vsl.co.at
British Trombone Society	www.britishtrombonesociety.org
Frank Möwes	www.bassposaunen.de
THEIN	www.thein-brass.de

17.3.
CDs:

Ben van Dijk	**Nana**
	First Song
	Never Alone
Phil Teele	**Low & Outside**
	Syntheticdivision
Jessica Buzbee	
Lee Rogers	
Javier Colomer	
David Bobroff	
Tim Buzbee	**Eruptions**
Brandt Attema	
Astrid Haring	**Duo AttemaHaring**
Javier Colomer	**Trombón Tapas (coming)**

18.
Biografías
Biographies
Biografien

18.1.

Javier Colomer Castillejos Trombón Bajo / Trombón Contrabajo

Nace en 1969. Inicia sus estudios en La Unión Musical Contestana (su localidad natal) a los 12 años eligiendo como instrumento el Trombón de pistones y poco después el Trombón de varas estudiando con Eduardo Peris. Más tarde, estudia en el Conservatorio Profesional “Juan Cantó” de Alcoy con el profesor Alfonso Faus.

Posteriormente, ingresa en el Conservatorio Superior “Oscar Esplà” de Alicante estudiando el grado medio con el profesor Antonio Vicente Más Varó y el grado superior con el profesor Jesús Juan Oriola donde consigue su diploma de profesor superior de Trombón. En 1998, decide perfeccionar sus estudios de Trombón Bajo con Stephan Loyer en Madrid.

En 2001, obtiene el “Certificate of Advanced Studies” en “Associated Board of The Royal Schools of Music” con la especialidad de Trombón Bajo con la máxima calificación.

Desde 2008 hasta 2011, ha sido miembro de la Junta de Consejeros (*Board of Advisors*) de la ITA (*International Trombone Asociation*).

Javier ha completado su formación asistiendo a cursos y Master Class con trombonistas de gran prestigio nacional e internacional tales como:

Ben van Dijk, Joe Alessi, Jörgen van Rijen, Miguel Rivera, Christian Lindberg, Baltasar Perello, Jacques Mauger, Stephane Loyer, Salvador Pellicer, John Kenny, Roger Argente, Ricardo Casero, Peter Sullivan, Bill Reichenbach y Jesús Juan Oriola, entre otros. En 2001, se desplaza a Rotterdam para perfeccionar su técnica con Ben van Dijk (Rotterdam Philarmonic Orchestra).

Javier, desde 2001, es organizador y profesor titular del Curso Internacional de Trombón en “La Escuela Comarcal de Música del Comtat” junto a Ben van Dijk, Jörgen van Rijen, Pierre Volders, Hendrik-Jan Renes, Zoltan Kiss....

Javier ha sido profesor y ha realizado cursos, Master Class y conciertos en varias localidades de España. En el ámbito internacional, en Lima (Perú) fue miembro fundador del festival "Perú Low Brass" al que ha asistido durante cuatro años consecutivos. Ha realizado cursos, conciertos y recitales en Alemania, Dinamarca, Finlandia, Inglaterra, Portugal, Venezuela, Ecuador, Islandia, Colombia, Brasil y Argentina.

Javier Colomer ha sido invitado por las siguientes Orquestas y Bandas de Música :

Orquesta Sinfónica de Galicia, Banda de la Federación de Sociedades Musicales de la Comunidad Valenciana en 2001, Banda Municipal de Alicante, La Orquesta Sinfónica Ruperto Chapí de Villena, Orquesta Sinfónica de Alicante, Orquesta Sinfónica de La Marina Alta, Orquesta Sinfónica de La Mancha, Orquesta Sinfónica de Aalborg (Dinamarca), Orquesta Sinfónica Gulbenkian de Portugal, Almansa Symphony Orchestra...También colabora con varias bandas de música de toda España.

Fue director titular de la banda Unión Musical de Planes (Alicante) desde 1995 hasta enero de 2004. Ha participado en varias grabaciones para música de banda para la casa discográfica "MONOGRAFÍA" con la Orquesta de Vientos Filharmonia y con la sección de Trombón-Tuba de la Orquesta Sinfónica de Islandia.

Actualmente es Jefe de Estudios y profesor de Trombón, Trombón bajo y Trombón Contrabajo, en la Escuela Comarcal de Música del Comtat. Es miembro activo de ITA (*International Trombone Association*) desde el año 2000.

Javier Colomer es artista Thein y representante de Thein (Bremen, Alemania) desde el año 2006. Es concertista internacional con el Trombón Bajo, Trombón Contrabajo y Sacabuche Bajo. Realiza constantemente cursos y clases magistrales por todo el mundo.

Varios compositores se han interesado en escribir expresamente para él, como el compositor Gaspar Angel Tortosa, quien ha compuesto ETIAM Concerto, primer concierto para Trombón Contrabajo y Orquesta de la historia. Carlos Pellicer componiendo la pieza OMAIRA para Trombón Bajo/Contrabajo y Banda

Javier Colomer Castillejos Bass- and Contrabass - trombonist

Born in 1969. He started his studies in "La Unión Musical" in Cocentaina (his hometown) when he was twelve years old, choosing the valve trombone and shortly afterwards, the slide trombone as his instrument. He studied with Eduardo Peris. Later, he enrolled in the Professional Conservatoire "Juan Cantó" of Alcoy with the professor Alfonso Faus.

Afterwards, he studied in the Conservatoire "Oscar Esplá" of Alicante. He studied the intermediate grade with Antonio Vicente Más Varó and the highest grade with another professor, Jesús Juan Oriola. Then he graduated as a teacher of trombone. In 1998 he decided to perfect his studies of Bass Trombone in Madrid with Stephan Loyer.

In 2001 he obtained the "Certificate of Advanced Studies" of the "Associated Board of The Royal Schools of Music" for Bass Trombone with the highest qualification.

From 2008 till 2011, Javier was member of the Board of Advisors of ITA (International Trombone Association).

Javier completed his academic formation attending courses and Master classes with international and national recognized players like:

Ben van Dijk, Joe Alessi, Jörgen van Rijen, Miguel Rivera, Christian Lindberg, Baltasar Perello, Jacques Mauger, Stephane Loyer, Salvador Pellicer, John Kenny, Roger Argente, Ricardo Casero, Peter Sullivan, Bill Reichenbach and Jesús Juan Oriola, among others.

In 2001, Javier went to Rotterdam to perfect his playing technique with Ben van Dijk (Rotterdam Philarmonic Orchestra).

Javier Colomer is organizer and permanent teacher of the International Trombone Course of

" Joventuts Musicals del Comtat" together with Ben van Dijk, Jörgen van Rijen, Pierre Volders, Hendrik Jan Renes, Zoltan Kiss...

Javier Colomer has participated in many courses and Master Class as a teacher and in concerts in several spanish cities. In the international arena, he was founder member of the Peru Low Brass Festival in Lima, Peru. He has attended it during four consecutive years. He has executed courses, concerts and recitals in Germany, Denmark, Finland, England, Portugal, Venezuela, Ecuador, Iceland, Colombia, Brazil and Argentina.

Javier Colomer has been invited to play in the following orchestras and music bands:

Orquesta Sinfónica de Galicia, Wind Band of the Federación de Sociedades Musicales de la Comunidad Valenciana in 2001 (Spain), Local Wind Band of Alicante, Orquesta Sinfónica Ruperto Chapí de Villena, Orquesta Sinfónica de Alicante, Orquesta Sinfónica de La Marina Alta, Orquesta Sinfónica de La Mancha, Aalborg Symphony Orchestra (Denmark), Gulbenkian Symphony Orchestra of Portugal, Orquesta Sinfónica de Almansa... He also collaborates with various wind bands of all around Spain.

Javier Colomer was conductor of the band "Unión Musical de Planes" from 1995 to January 2004. Javier has participated in various recordings of band music for the record company MONOGRAFÍA with the Philharmonic Orchestra Wind Band and with the Trombone-Tuba section of the Symphony Orchestra of Iceland.

Nowadays Javier is director of studies and teacher of Tenor, Bass and Contrabass Trombone in the music school "Escola Comarcal de Música del Comtat". He is an active member of the International Trombone Association (ITA) since 2000.

Javier Colomer is a Thein artist and a representative of THEIN company (Bremen, Germany) since 2006. He is an international Bass, Contrabass and Bass Sacbut Soloist. He is constantly carrying out courses and Master Classes around the entire world.

Some composers have taken interest in composing deliberately for him, like Gaspar Angel Tortosa, who wrote ETIAM Concerto, the first concert for Contrabass Trombone and Orchestra in the history. Carlos Pellicer composed OMAIRA for Bass/Contrabass Trombone and Band.

Javier Colomer Castillejos, Bass-und Contrabassposaunist

Javier Colomer wurde 1969 in Cocentaina (Alicante, Spanien) geboren und begann mit 12 Jahren im Blasorchester der „Unión Musical Cocentaina" Ventil-Posaune zu spielen. Er wechselte bald zur Zugposaune und studierte bei Prof. Eduardo Peris und dann bei Prof. Alfonso Faus am Konservatorium „Juan Cantó" in Alcoy. Er wechselte zur Musikhochschule in Alicante „Oscar Esplá", wo er bei Prof. Antonio Vicente Más und Prof. Jesús Juan Oriola studierte und mit dem Bachelor of Art (Prof. Superior of Trombone) abschloss. 1998 studierte er speziell Bassposaune in Madrid bei Stephan Loyer.

2001 machte er den Abschluss „Certificate of Advanced Studies" an der „Associated Board of The Royal Schools of Music", wo er sich auf die Bassposaune spezialisierte und die höchste Auszeichnung erhielt. Javier Colomer hat an Meister-Klassen von Ben van Dijk, JoeAlessi, Jörgen van Rijen, Miguel Rivera, Christian Lindberg, Baltasar Perello, Jaques Mauger, Stephane Loyer, Salvador Pellicer, John Kenny, Roger Argente, Ricardo Casero, Bill Reichenbach, Peter Sullivan und Jesús Juan Oriola teilgenommen.

2001 studierte er bei Ben van Dijk (Rotterdam Philharmonic Orchestra), um seine Technik zu vervollkommnen. Javier Colomer ist Organisator und Lehrer des Internationalen Posaunen-Kurses „Juventuts Musicals del Comtat". Zusammen mit Ben van Dijk, Pierre Volders, Hendrik Jan Renes, Zoltan Kiss u.a. war Javier Lehrer in vielen Kursen und Meisterklassen und Solist in vielen Konzerten in Spanien. International war er Gründungsmitglied des Peru Low Brass Festival in Lima, Peru. Er betreute das Festival vier Jahre lang. Colomer gab Kurse, Konzerte und Recitals in Deutschland, Dänemerk, Finland, England, Portugal, Venezuela, Ecuador, Island, Kolumbien, Brasilien und Argentinien. Er wurde von Orchestern und Musikgruppen eingeladen, mit ihnen aufzutreten, wie „The Galicia Symphony Orchestra", 2001, Blasorchester der Federación de Sociedades Musicales de la Comunidad Valenciana (Spanien), Wind Band von Alicante, Orquesta Sinfónica Ruperto Chapí de Villena, Orquesta Sinfónica Alicante, Orquesta Sinfónica de La Marina Alta, Orquesta Sinfónica de La Mancha, Aalborg Symphony Orchestra (Denmark), Gulbenkian Symphony Orchestra of Portugal, Orquesta Sinfónica de Almansa... Er spielt mit verschiedenen Blasorchestern überall in Spanien.

Von 1995 bis Januar 2004 war er Leiter der Blaskapelle „Unión Musical de Planes" in Alicante.Er hat an verschiedenen Aufnahmen mit Symphonischer Blasmusik und mit der Posaunen-Tuba Gruppe des Symphonieorchesters Island für die Plattenfirma MONOGAFIA mitgewirkt.

Derzeit lehrt er Tenor-, Bass- und Contrabassposaune an der „Escuola Comarcal de Musica del Comtat", wo er auch Studiendirektor ist. Seit 2000 ist er aktives Mitglied der ITA (International Trombone Association). Seit 2006 ist er ein THEIN-Artist und Repräsentant für THEIN-Blechblasinstrumente, (Bremen-Deutschland). Er ist ein international gefragter Bass-, Contrabass- und Barockposaunen Solist und gibt Kurse und Meisterklassen überall auf der Welt.

Einige Komponisten haben für ihn komponiert, so wie Gaspar Angel Tortosa , der für ihn das ETIAM Concerto schrieb, das erste Konzert für Contrabassposaune und Orchester überhaupt. Carlos Pellicer schrieb für ihn das Werk OMAIRA für Bass-Contrabassposaune und Blasorchester.

Javier Colomer Castillejos
Rio Penáguila, 9
03820 Cocentaina (Alicante)
Spain
info@javicolomer.com
www.javicolomer.com

18.2.

Heinrich Thein

Fabricante de Instrumentos de Viento-metal y percusión.

Nace en 1947 en Bremen, Alemania.

Posee varios estudios universitarios de música, pedagogía, geografía, literatura y fabricación de instrumentos en Bremen y Hamburgo.

Proviene de la familia THEIN, que desde hace 400 años ha estado al servicio de la música y a la fabricación de instrumentos.

Trayectoria:

1973 Master diploma in Munich.
Pieza maestra: Trombón Contrabajo.
Premio en 1979
"Bremer Förderpreis für das Kunsthandwerk"
Premio en 1984
"Auguste- Papendieck- Preis"
Trabajos literarios,
Libretos y composiciones musicales,
Desarrollo de la forma compositiva Chrysanthemum,
Desarrollo de la forma compositiva Tagesspiele,
Desarrollo de la Libre interpretación pianística para personas interesadas en principiantes sin conociminetos preliminares
e-mail: thein-heinrich@gmail.com
www.thein-heinrich.de

En 1972, junto con su hermano Max Thein, funda la mundialmente reconocida empresa THEIN BRASS company.

Max & Heinrich Thein
- Fine Brass Instruments -
en Bremen

En dicha compañía se dedican al desarrollo, construcción y producción de trompetas, trombones, trompas, tubas y percusión de la firma THEIN.

Rembertiring 40
DE - 28203 Bremen
Germany
Tel: 0049 - (0)421 / 32 56 93
Fax: 0049 - (0)421 / 33 98 210

e-mail: contact@thein-brass.de
www.thein-brass.de

Heinrich Thein

Master maker in Brass- and Percussion instruments.

Born in Bremen, Germany, in 1947.

Multiple studies in music, arts, pedagogy, geography, literature and instrument making in Bremen and Hamburg.

The Thein family is for more than 400 years in service for music and instrument making.

1973 Master degree in Munich.

Masterpiece: Contrabass trombone.

1979 Award
"Bremer Förderpreis für das Kunsthandwerk"
1984 Award
"Auguste- Papendieck- Preis"

Literal works
Libretti and musical works
Development of the form of composition *Chrysanthemum*
Development of the form of composition *Tagesspiele*
Development of *Free and emotional piano playing for interested persons and beginners without preliminary knowledge*

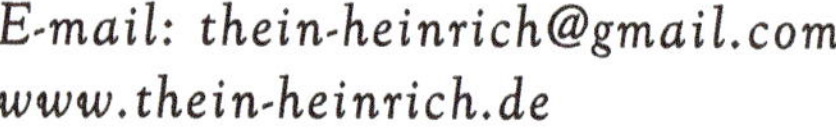

E-mail: thein-heinrich@gmail.com
www.thein-heinrich.de

Founded in 1972, together with Max Thein, the worldwide acting THEIN BRASS *company.*

MAX & HEINRICH THEIN
- Fine Brass Instruments -
in Bremen
Development, Construction and Production of THEIN trumpets, trombones, French horns, tubas and percussion

Rembertiring 40
DE - 28203 Bremen
Germany

Fon: 0049 - (0)421 / 32 56 93
Fax: 0049 - (0)421 / 33 98 210

e-mail: contact@thein-brass.de
www.thein-brass.de

Heinrich Thein

Blechblas-und Schlaginstrumentenbaumeister

geb. 1947 in Bremen, Deutschland

Studien in Musik, Kunst, Pädagogik, Literaturwissenschaften, Geografie und Musikinstrumentenbau in Bremen und Hamburg.

Seit 400 Jahren Familientradition im Musikinstrumentenbau.

1973 Meisterprüfung in München.
Meisterstück: Contrabassposaune
1979 "Bremer Förderpreis für das Kunsthandwerk"
1984 "Auguste- Papendieck- Preis"

Literarische Werke
Libretti und Musikalische Werke
Entwicklung der Kompositionsform Chrysanthemum.
Entwicklung der Kompositionsform Tagesspiele.
Entwicklung der Anleitung zum freien und leidenschaftlichen Klavierspiel für Interessierte und Anfänger ohne Vorkenntnisse.

E-mail: thein-heinrich@gmail.com
www.thein-heinrich.de

1972 Gründung, mit Max Thein zusammen, der international tätigen Firma:

Max & Heinrich Thein Blechblasinstrumente
- Fine Brass Instruments -
in Bremen

Entwurf, Entwicklung und Herstellung von THEIN Trompeten, Posaunen, Hörnern, Tuben und Schlagwerk

Rembertiring 40
DE - 28203 Bremen
Deutschland
Tel: 0049 - (0)421 / 32 56 93
Fax: 0049 - (0)421 / 33 98 210

e-mail: contact@thein-brass.de
www.thein-brass.de

Heinrich Thein y Javier Colomer, Bremen. Mayo 2010

Heinrich Thein and Javier Colomer, Bremen, May 2010

Heinrich Thein und Javier Colomer, Bremen Mai 2010

19.
Agradecimientos
Acknowledgments
Danke

Ben van Dijk

Por ser la persona que me ha inspirado en el mundo del trombón bajo y trombón contrabajo y por su gran amistad.

The person who has inspired me in the bass and contrabass trombone world. Thank you for your great friendship.

Ben hat mich inspiriert in der Welt der Bass- und Contrabssposaune. Danke für die großartige Freundschaft.

Max Thein

Por su amistad y por su apoyo y la promoción que me ha brindado desde el principio.

For your friendship, support and promotion given to me from the beginning.

Für Freundschaft, Unterstützung und Förderung von Anfang an.

Heinrich Thein

Por su amistad y por su apoyo y la promoción con los instrumentos THEIN y por su incalculable ayuda que me ha prestado para la realización de este libro.

For your friendship, support and promotion with THEIN instruments and your invaluable assistance in carrying out this book.

Für deine Freundschaft, deine Unterstützung und Förderung durch THEIN-Instrumente und deine unschätzbare Hilfe bei diesem Buch.

Olav Brandt

Por su gran trabajo para la producción de los instrumentos THEIN.

For your hard work to produce THEIN instruments.

Für deinen engagierten Einsatz beim Bau der THEIN Instrumente.

Brandt Attema

Por su amistad y por su nueva visión de estos instrumentos frente al mundo.

For his friendship and new visions for these instruments to the world.

Für seine Freundschaft und für das Eröffnen neuer Visionen für diese Instrumente.

Joachim Mittelacher

Por su trabajo con THEIN desde el principio.

For his work with THEIN from the beginning.

Für seine Arbeit mit THEIN.

Mis padres, familia

Dedicado a su memoria y a mi familia con todo mi afecto.

Dedicated to the memory of my parents. Thanks to my family with all my affection.

In dankbarer Erinnerung an meine Eltern. Herzlicher Dank an meine Familie.

Maite López Pla

Por su apoyo, su comprensión y su amor hacia mí.

For your support, understanding and love to me.

Für deine Liebe, dein Verständnis und deine Unterstützung.

Thein family

Por su intenso trabajo al servicio de la música en el mundo.

For their hard work to serve the world of music.

Für ihre hingebungsvolle Arbeit in der Welt der Musik.

Ingrid Thein

Por su personalidad y paciencia y dejar cientos de horas por el trabajo de la música.

For your personality and patience to let hundreds of hours run for music work.

Für deine Persönlichkeit und Geduld, hunderte Stunden Arbeit für die Musik zu begleiten.

Eduardo Peris

Por ser uno de los primeros en enseñarme el arte del trombón.

As one of the first who showed me the art of the trombone.

Einer der ersten, die mich das Posaunenspiel lehrten.

Antonio Vicente Mas Varó

En memoria de sus consejos y por ser el primero que me mostró el trombón Bajo.

In memory of his advices and for being the first to show me the bass trombone.

In Erinnerung an seine Ratschläge. Er war mein erster Bassposaunenlehrer.

Jesús Juan Oriola

Por sus enseñanzas y consejos durante mis estudios en el Conservatorio de Alicante.

For your teaching and good advices during my studies in Alicante Conservatorium.

Für den Unterricht und die guten Ratschläge während meiner Studien am Alicante Konservatorium.

Stephan Loyer

Por su ayuda y muy buenos consejos durante nuestro periodo de enseñanza en Madrid.

For your help and good advices during our period of teaching in Madrid.

Für deine Hilfe und gute Begleitung während meiner Studien in Madrid.

Teresa Caballer Llorens

Por su trabajo de correción , revisión y traducción.

For your work in proofreading, revision and translation.

Für deine Korrektur-, Redigier- und Übersetzungsarbeit.

Diego Piñeiro Guillen

Por su trabajo de correción y revisión.

For your work in correction and revision.

Für deine Korrektur - und Redigierarbeit.

Pau Olcina i Andrés

Por su diseño en la portada de este libro.

For cover design of this book.

Für die Umschlaggestaltung dieses Buches.

FIN

Anúncio para 2013:

"El Mundo del Trombón Contrabajo 2" (Estudios para Trombón Contrabajo)

Announcement for 2013:

"The World of The Contrabass Trombone 2" (Studies for Contrabass Trombone)

Vorankündigung für 2013:

"Die Welt der Contrabassposaune 2" (Etüden für Contrabass Posaune)

www.ingramcontent.com/pod-product-compliance
Ingram Content Group UK Ltd.
Pitfield, Milton Keynes, MK11 3LW, UK
UKHW051030290726
14058UKWH00012B/881